KB190356

부처가 계신 곳

부처가 계신 곳

경봉스님의 자연과 가족과 몸에 대한 법문

김현준 엮음

🌻효림

이 책은
이 시대 최고의 도인으로 추앙받고 있는
경봉鏡峰(1892~1982)스님께서
설하신 수많은 법문 중에서
자연과 가족과 우리의 몸에 대한 것을
모으고 정리한 글입니다.
이 법문 속에 깃든 가르침을 잘 새겨서
자재롭고 화해롭고 건강한
삶을 성취하시기를

엮은이 김현준 합장

차 례

초입법문

바로 보라
삶의 실체를

바로 보라 삶의 실체를

[법좌에 올라 주장자를 번쩍 들어 보이며 이르셨다]

내가 20대 초반에 통도사 불교전문강원佛教專門講院에서 공부를 할 때, '어떻게 하면 이 좋은 불교의 진리를 널리 퍼뜨릴 수 있을까'를 궁리하다가 큰 원願을 세웠다.

"나는 선재동자善財童子처럼 도를 구하고, 보현보살의 행원行願으로 중생을 제도하리라.

중생계衆生界가 다하고 중생업衆生業이 다하고 중생의 번뇌가 다할지라도 나의 원은 다하지 아니하며, 허공계虛空界가 다하더라도 나의 원은 다하지 아니하리라."

이와 같은 원을 세운 다음 평생을 이 원대로 살아왔고, 지금 90이 다 되어 시자들의 부축을 받으며 법상에 올라가서 법문을 하고 있는데, 이 나이에도 이렇게 설법을 할 수 있고 1천 명 넘는 대중이 매달의 정기 법회 때 모이는 것은 나의 원이 그러했기 때문이다.

나는 시간이 생길 때마다 **행방포교**行方布教의 길을 나섰다. 일터든 장터든 잔칫집이든 사람이 많이 모이는 곳이면 어디라도 좋았다.

붉은 가사를 어깨에 걸친 채 한 손으로는 법문의 내용을 묘사한 그림을 걸어놓은 석장錫杖을 쥐고, 한 손으로 청아한 방울 소리 나는 요령搖鈴을 힘차게 흔들었다.

그러면 사람들이 모여들었고, 나는 법문 보따리

를 풀어 헤쳤다. 구수한 이야기식으로 시작했지만, 불교의 깊은 이치를 설파하여 불심佛心을 눈뜨게 하는 것이 목표였다.

그때 가장 많이 설법한 것이 안수정등岸樹井藤 법문이다.

이무기·뱀·쥐·코끼리·덩굴 등을 그린 울긋불긋한 '안수정등岸樹井藤'이라는 그림을 막대기에 걸어 놓고, 요령을 마구 흔들면, 무엇인가 싶어서 어른 아이 할 것 없이 들판에서 일하던 일꾼들이 모두 쫓아온다.

그래서 그 사람들을 모아놓고 법문을 했다. 농사일로 이것저것 할 일은 많은데, 스님이 와서 울긋불긋한 것을 걸어놓고 재미있는 이야기를 해주니, 그 말을 듣느라고 일을 잘 하지 않거든? 그러니 주인이 와서 사정을 한다.

"대사님! 그만하고 가 주십시오. 말씀 다 듣다가

는 일을 제대로 못 하겠소."

그러면 모르는 체하고 비켜 주기도 하였는데, 그때 즐겨 하였던 안수정등岸樹井藤 법문을 지금 다시 들려주고자 한다.

❀

건장한 사나이 하나가 한없이 넓은 **언덕**을 거닐고 있었다. 그 언덕은 평화로우면서도 묘한 분위기를 풍기고 있었다.

사나이가 여유롭게 꽃도 구경하고 벌레들도 쫓고 언덕의 풍경도 감상하는데, 갑자기 **사방팔방**에서 사나운 불길이 일어나기 시작했다.

당황한 그는 서서히 좁혀 들어오는 불길들을 어떻게 벗어나야 하는지를 고심하고 있는데, 어디선가 미친 **코끼리** 한 마리가 나타나서 잡아먹을 듯이 사납게 덤벼드는 것이었다.

먼 곳의 불길보다 미친 코끼리를 피하기에 급급했던 그는 황급히 도망을 치다가, 눈앞에 큰 나무가 나타나자 죽을힘을 다해 올라가기 시작했다. 그러나 코끼리는 다른 곳으로 가지 않았다. 계속 나무 밑을 맴돌면서 그가 내려오기만을 기다리고 있었다.

　나무에 의지하여 한숨을 돌리기는 하였지만, 시간이 지날수록 배가 고프고 갈증이 나서 견딜 수가 없었다. 그는 탈출할 길을 찾다가, 나무에 얽혀있는 등나무 덩굴이 아래쪽의 크고 깊은 우물 속으로 드리워져 있는 것을 보게 되었다.

　혹시나 탈출구가 될지도 모르겠다는 생각에 위험을 무릅쓰고 덩굴에 매달린 그는 조금씩 조금씩 아래로 내려가서 우물 속으로 들어갔다.
　그러나 우물 속의 형국은 더 심하였다. 용이 되

려다가 뜻을 이루지 못한 이무기 세 마리가 떨어지면 잡아먹겠다며 큰 입을 벌리고 있었고, 우물 바깥에는 독사 네 마리가 혀를 날름거리며 잔뜩 노려보고 있었다.

그는 식은땀을 흘리며 목숨 줄인 등나무 덩굴에 꽉 매달려 있었다. 차츰 힘은 빠지고 손은 저려 왔다. 그나마 빨리 떨어지라고 우물 위쪽에서 흰 쥐와 검은 쥐가 교대로 덩굴을 조금씩 조금씩 갉아먹고 있으니….

'죽었구나!' 생각하며 덩굴만 잡고 있는데, 갑자기 입 안으로 달콤한 액체 한 방울이 들어온다. 고개를 들어보니 벌이 나무 구멍에 지어 놓은 벌집에서 꿀방울이 똑똑 떨어지는 것이었다.

'아, 달콤한 이 맛!'
그 다디단 꿀은 모든 것을 잊게 하였다. 달콤한

한두 방울의 꿀을 받아먹는 재미에 사나이는 더이상 탈출할 생각을 하지 않고, 눈앞의 괴로움과 죽음의 두려움을 모두 잊어버린 채 꿀이 떨어지기만을 기다리며 덩굴에 매달려 있었다.

◊

이 안수정등岸樹井藤의 비유담은 우리 인생을 언덕[岸]과 나무[樹]와 우물[井]과 등나무 덩굴[藤]로 엮어서 만든 이야기이다.

나는 왜 이 안수정등의 법문을 그토록 열심히 설하였던가?

인생이 덧없고 무상無常하다는 것을 깨닫도록 하여야, 위없는 도를 닦겠다는 무상보리심無上菩提心을 발할 수 있다고 확신하였기 때문이다.

이제 이야기 속의 비유들을 풀어 보자.

사나이가 거니는 언덕은 바로 우리가 살고 있는 이 세상인 차안此岸이다. 영원하고 행복하고 자유롭고 깨끗한 피안彼岸의 세계와는 달리, 우리가 살고 있는 이 차안은 괴로움으로 가득 차 있다.

무엇보다도 사방팔방으로부터 사나운 불길들이 일어나서 우리를 엄습하고 있다.

사방팔방에서 일어나는 불길! 바로 그 불길이 '중생이라면 누구도 피할 수 없다'고 부처님께서 강조하셨던 사고四苦와 팔고八苦이다.

① 태어나는 것은 괴로움이다[生苦^{생고}]
② 늙는 것은 괴로움이다[老苦^{노고}]
③ 병드는 것은 괴로움이다[病苦^{병고}]
④ 죽는 것은 괴로움이다[死苦^{사고}]
⑤ 미운 이와의 만남은 괴로움이다[怨憎會苦^{원증회고}]
⑥ 사랑하는 이와의 헤어짐은 괴로움이다[愛別離苦^{애별리고}]
⑦ 구하는 것을 얻지 못함은 괴로움이다[求不得苦^{구불득고}]
⑧ 번뇌가 치성하는 이 삶 자체가 괴로움이다[五陰^{오음}

성 고
盛苦〕

이 사바세계에 태어난 중생은 이와 같은 괴로움을 받아들이면서 살아야 한다. 사바세계에 태어난 중생들 모두가 받게 되는 업業이 바로 사고요 팔고이기 때문에, 능히 받아들이고 감당하고자 할 때 행복의 문이 열리기 시작하는 것이다.

그런데 우리 중생들은 어떠한가?

괴로움을 받는 그 자체를 싫어한다. 자신도 모르게 태어났으니 태어남의 괴로움은 어쩔 수 없다 할지라도, 늙기 싫어하고 병들기 싫어하고 죽는 것은 더욱더 싫어한다.

그리고 싫으면 싫을수록 싫은 것으로부터 멀리 달아나고자 한다. 달아나면 편안한 곳에 이를 것처럼 느껴지기 때문이다.

그러나 그 벌판에 사는 미친 **코끼리**는 인정사정이 없다. 무상無常의 살귀殺鬼인 미친 코끼리는 '지은 업대로 살다가 죽어라'며 사정없이 우리를 내몰아친다.

그렇게 미친 코끼리에 쫓겨 올라간 곳은 **나무 위!** 그 나무는 바로 업연처業緣處이다. 내가 지은 업과 함께하는 인연처인 것이다.

우리는 이 외로운 나무인 업연처에 의지하여 삶의 길을 찾는다. 그렇지만 업연처에 의지하여 살아가기란 여간 불편한 것이 아니다. 잠자리도 불편하고 먹을 것도 입을 것도 변변하지가 못하다. 도무지 마음대로 할 수 있는 것이라고는 찾아보기가 힘들다.

그래서 우리는 새로운 탈출구를 찾는다. 미친 코끼리인 무상의 살귀와 마음처럼 되지 않는 업연처

로부터 벗어나서 편안히 머물 수 있는 자리를 찾
는다.

  하여 나무를 감고 있는 덩굴이 아래쪽의 크고 깊
은 우물로 드리워져 있는 것을 발견하고는 '얼씨
구나' 하면서 덩굴에 매달려서 아래로 내려간다.
  그렇지만 아무리 업을 피해 도망을 쳐도 특별한
곳에 이르지 못한다. 목숨 줄인 등나무 덩굴을 타
고 내려가서 닿게 되는 우물의 밑바닥이 저세상인
황천黃泉이기 때문이다.
  우리는 언제나 황천을 향하고 있다. 목숨 줄인
덩굴만 놓아버리면 황천이요, 내생來生이다. 그러
므로 있는 힘을 다해 목숨 줄인 등나무 덩굴을 부
여잡고 견뎌야만 한다.

  더욱이 우물 속의 사정은 무상살귀라는 미친 코
끼리를 피해 올라간 나무 위의 상황보다 좋지가

않다. 우물 밑바닥에는 이무기[毒龍] 세 마리가 떨어지면 잡아먹겠다며 입을 크게 벌리고 있고, 우물 입구 사방에는 독사 네 마리가 혀를 날름거리며 잔뜩 노려보고 있기 때문이다.

세 마리 이무기는 삼독三毒이요, 네 마리 독사는 사대四大이다.

삼독은 탐욕과 분노와 어리석음이다. 중생은 나에게 맞으면 탐하고, 나에게 맞지 않으면 분노한다. 그리고 나의 탐욕을 채우고 분노를 달래기 위해 갖가지 어리석음을 저지른다. 나를 위해 뿜어낸 이 세 가지 독 기운이 세 마리 이무기가 되어 나를 통째로 삼키려 하고 있는 것이다.

또 네 마리 독사는 우리 몸을 구성하고 있는 네 가지 기운인 지地·수水·화火·풍風의 사대를 뜻하는데, 목숨이 떨어지는 즉시 그 기운들을 다시 거두어 가기 위해서 도사리고 있는 것이다.

더욱이 해와 달을 상징하는 흰 쥐와 검은 쥐가 번갈아 가면서 목숨 줄인 등나무 덩굴을 갉아 먹고 있으니….

이것이 우리네 인생의 실체이다. 괴롭고 슬프고 무상하고 덧없기 짝이 없는 것이 우리네 인생이다.

그런데도 대부분의 사람들은 나무 위 벌집에서 떨어지는 달콤한 꿀 한 방울을 받아먹는 재미로 인생의 실체를 잊으며 살아간다.

달콤한 꿀물! 그것은 오욕락五欲樂이다. 먹고 싶은 것을 마음껏 먹는 즐거움[食欲樂], 마음에 맞는 이성과 함께하는 즐거움[色欲樂], 많은 재물을 갖는 즐거움[財欲樂], 이름을 떨치는 즐거움[名欲樂], 뜻대로 휴식을 취하는 즐거움[睡欲樂]에 빠져서, 괴롭고 슬프고 무상하고 덧없는 인생살이를 모두 잊고 살아가고 있는 것이다.

자, 이 형국이 어떠한 지를 한 번 상상해 보아라. 우리가 이 세상을 살면서 근심걱정하는 자식 걱정·돈 걱정 따위는 이것과 비교가 되지 않는다.

그럼 어떻게 해야 하느냐?

물질 아니면 사람, 사람 아니면 물질 때문에 밤낮없이 가슴 아프고 머리가 아프다며 근심걱정하고 살 것인가?

아니다. 지금이라도 인생의 무상함을 올바로 직시하고 위없는 도를 이루겠다는 무상발심無上發心을 하여야 한다.

생생한 산 정신으로 깨어나서 무상을 넘어서고, 이 사바세계를 무대로 삼아서 맡은 바의 배역을 한바탕 멋있게 연출하는 참된 생활인이 되어야 한다. 그리고 부처님의 아들딸답게 부처의 자리를 향해 나아가야 한다.

불교의 가르침을 받아들여 삶의 실체를 바로 보

고 긍정하여, 인생의 노선을 바로잡아 나가면, 가슴 아프고 머리 아픈 것을 해탈하여 참된 사람이 되고, 남을 지도할 수 있는 사람이 될 수가 있다.

특히 탐·진·치의 삼독과 오욕락을 바라보고 조절하면서, 우리의 주위에 펼쳐져 있는 아름다운 자연 속에서 진리를 배우고, 인연 깊은 가족들에게 지켜야 할 도리들을 마땅히 잘 행하면서, 허망하면서도 귀한 나의 몸속에 깃든 깊은 이치를 깨달으며 살아가면, 복덕과 지혜가 가득한 길이 활짝 열리게 되는 것이다.

그러므로 여러 차례에 걸쳐서 자연에서 배울 일, 가족의 도리와 화합에 대한 법문, 이 몸속에 깃든 진리 법문을 설하여 깨달음을 열어주고자 하노니, 이 법문과 더불어 부질없는 근심 걱정을 내려놓고 활달하면서도 힘 있는 발걸음을 내딛기 바란다.

제1장

자연에 대한 법문

수　아　정　산

水藥精山

이약수는 령추산의 산정기로 된 약수이다 나쁜 마음을
버리고 청정한 마음으로 먹어야 모든 병이 낫는다

물세배 울일

사람과 만물을 살려주는 것은 물이다

갈길을 찾아 쉬지 않고 나아가는 것은 물이다

어려운 구입이를 만날수록 더욱 힘을 받는것은 물이다

맑고 깨끗하며 모든 더러움을 씻어주는 것은 물이다

넓고 깊은 바다를 이루어 많은 고기와 식물을 살리고

되돌아 이슬비

사람도 이 물과 같이 우주 만물에 이익을 주어야 한다

靈鷲山深雲影冷　洒

洛東江澗水光青

령추산이 깊으니 구름 그림자가 차고

낙동강 물이 넓으니 물빛이 푸르도라

미소합빠

봄·여름·가을·겨울

〔법좌에 올라 주장자로 법상을 한 번 치고 이르셨다.〕

開門今日看平野   개문금일간평야

四月南風大麥黃   사월남풍대맥황

燕子雙雙傳密語   연자쌍쌍전밀어

山高水碧萬花紅   산고수벽만화홍

금일 문을 열어 넓은 들을 바라보니

사월 남풍에 보리는 누렇게 익고

제비는 쌍쌍이 날아 밀어를 전하는데

산 높고 물 푸르고 꽃들 모두 향기롭네

계절을 논하자니 봄부터 이야기하지 않을 수 없다.

봄이 오면 새 우는 소리부터가 다르다. 겨울에는 추워서 근근이 움츠리는 소리로 우는데, 봄에는 아주 활짝 핀 울음소리이다.

물은 잔잔히 흘러가고 산꽃은 웃고 들새는 노래하는 여기에 법문이 있다.

어찌 봄뿐이겠는가? 여름은 여름대로 법문을 하고, 가을은 가을대로 법문을 하며, 겨울은 겨울대로 법문을 한다.

법문은 결코 법사의 입에서만 나오는 것이 아니다. 삼라만상이 모두 법문을 하고 있고, 각 계절이 나름대로 설법을 하고 있다.

그럼 우리는 봄 · 여름 · 가을 · 겨울 속에서 어떤 법문을 배워야 하는가?

이 대우주법계는 춘하추동 사계절로써 만물을
생장 발육시킨다.

봄날은 따듯함으로 산천의 초목과 우리가 먹는
곡식의 꽃과 잎을 피워낸다. 사람의 마음도 봄날
처럼 화창하면, 모든 일에 능률이 올라 하는 일을
꽃 피울 수가 있다.
마음이 봄날같이 온화하고 착하고 순하고 인정
미가 있으면 일을 편안하게 성취할 수 있으니, 봄
의 온화함을 배워야 한다.

여름날은 후끈후끈 더워서 만물을 무성하게 한
다. 사람도 여름날과 같이 그 마음에 뜨거운 덕德
과 의義가 있어야 성공이 빠르다.
그런데 이 여름에는 작일우昨日雨 금일풍今日風이
라, 어제는 비가 오더니 오늘은 바람이 분다. 어제
는 하늘 가득히 구름이 덮여 있어서 대낮인데도 어

듮더니, 오늘은 어디서 신선한 바람이 이리저리 불어와서 그 많던 구름이 다 없어지고 밝은 해가 온 우주를 골고루 비춘다.

날씨가 더웠다가 잠시 시원해지기도 하고, 구름이 일었다가 흩어지기도 하면서 온갖 기이한 조화를 다 부린다.

이렇게 조화가 가득한 가운데에 불법의 적실한 뜻이 있으니, 구리눈동자〔銅睛〕와 쇠눈〔鐵眼〕으로 자세히 볼지어다.

가을날은 싸늘하고 냉랭한 기운이 있어서 모든 곡식과 과일을 익게 한다. 사람도 가을 기운과 같이 냉정한 기운이 있어야 판단력이 빨라져서 좋은 결실을 거둘 수 있으니, 이러한 가을 기운을 배워야 한다.

겨울날은 찬 바람이 불고 서리와 눈이 오고 혹

한으로 만물이 얼게 된다. 그러나 만물은 언 채로 지내지만은 않는다. 이때를 맞아 꽃 피고 잎이 돋는 봄날의 준비 작용을 한다.

특히 2월이 되면 바람이 자꾸 분다. 왜 바람이 자꾸 부는가? 초목을 흔들기 위해서이다.

바람으로 겨우내 얼어 있던 나무도 흔들고 뿌리도 흔들고 나무껍질에 붙은 언 것도 흔들어서 터지게 하여야, 봄비가 왔을 때 물이 뿌리로 들어가고 물이 나무껍질을 타고 가지로 올라간다.

그러니 이 흔드는 것에 묘妙가 있다.

사람도 겨울 기운과 같이 모든 일에 용맹과 투쟁력, 정열과 완력과 분투력을 지녀야 새봄에 짙은 꽃향기를 뿜어낼 수 있으니, 이러한 겨울의 힘을 배워야 한다.

그런데 사람들을 살펴보면 마음 쓰는 것이 봄기운과 여름 기운만 쓰는 사람이 있고, 가을 기운과 겨울 기운만 쓰는 사람이 있다. 이렇게 되면 하는 일이 지장이 있고 실패가 많아진다.

이 봄의 온화함과 여름의 열정과 가을의 냉정함과 겨울의 용맹함을 마음에 간직하여 두었다가, 일과 사정과 형편에 따라 어떤 때는 봄과 여름 기운을 쓰고, 어떤 때는 가을 기운과 겨울 기운을 사용하여야 한다.

지금 몸을 담고 있는 가정이나 직장이나 사회나 국가에 이 춘하추동 사계절의 기운을 적절히 사용하면 일에 실패가 없고 틀림없이 성공을 하게 된다.

그러나 그렇게 일에 따라 잘 사용하려고 하여도 용이하게 잘 안되는 경우가 많은데, 잘 안되는 것은 자기의 수양이 부족한 소치이다.

그러므로 사람마다 자기의 희망을 달성하려면

도道를 닦고 익혀서 정신과 지혜를 함양해야 한다. 생활 속에서 잠시 잠깐씩이라도 선정을 익히고 집중을 하는 도를 닦아가면, 사계절의 온화함과 열정과 냉정함과 용맹함을 적절히 사용할 수 있게 되는 것이다.

이를 잘 새겨서 조화롭고 멋진 삶을 살아가길 바란다.

"할喝"

〔하고 법좌에서 내려오시다.〕

자연과 화해하며 배우며

〔법좌에 올라 주장자를 세 번 구르고 이르셨다.〕

雨過山靑　　우과산청

春來花紅　　춘래화홍

帶月寒松　　대월한송

搖風庭栢　　요풍정백

비가 개이니 산빛이 새롭고

봄이 오니 꽃들이 붉은데

달은 차가운 솔가지에 걸리고

바람은 뜰의 잣나무를 흔드네

자연의 평등 설법

비가 오기 전보다 비가 지나간 뒤의 산빛이 곱고, 봄이 오면 꽃만 붉은 것이 아니라 만물이 모두 봄빛을 띠어 찬연하다. 또, 바람이 잣나무를 흔들고 달이 찬 솔가지에 걸려 있는 풍광은 우리 모두가 자주 보는 것들이다.

그러나 부처님의 진리 법문이 거기에 있다는 것을 아는 이는 드물다.

내가 있는 극락암에서 보면, 영축산은 반 허공에 말없이 솟아 은은하고, 계곡의 물은 잔잔히 흘러 바다를 향해 가며, 정원의 꽃은 활짝 피고 새가 가지 위에서 노래를 부르면서, 참으로 묘법연화경妙法蓮華經의 도리를 설법하고 있다. 이 모두가 법문 아닌 것이 없다.

조선 시대 말기에 허주虛舟(1806~1888)라는 도력이 높은 선지식 스님이 계셨다. 하루에 한 끼 밥만 먹고 철저히 계율을 지키면서 대중교화에 혼신의 힘을 기울였는데, 가는 곳마다 사람들이 구름처럼 모여들었다.

어느 날, 유명한 이들이 많이 찾아와서 법문을 청하였다. 그리고는 '선지식 스님께서 무슨 말씀을 하실까?' 뚫어져라 바라보면서 귀를 쫑긋 세우고 있었다. 그런데 허주스님은 간단한 한마디 말만을 하고 법상에서 내려오셨다.

"굼벵이가 매미 돼요."

이 법문에 승속 간의 모든 대중은 실망을 하고 어리둥절해하였다.

그러나 '굼벵이가 매미 돼요'라는 이 한마디 속에는 선지식의 참 법문이 들어 있다.

대중은 알겠는가?

해와 달과 별이 평등하기 때문에	일 월 성 신 평 등 고 日月星辰平等故
네 계절이 언제나 밝고	사 시 상 명 四時常明
산이 평등하기 때문에	산 평 등 고 山平等故
어디에서든지 항상 푸르고	처 처 상 청 處處常靑
물이 평등하기 때문에	수 평 등 고 水平等故
만나면 서로 합하여 길이 흐르고	상 합 장 류 相合長流
온갖 경계가 평등하기 때문에	만 경 평 등 고 萬境平等故
꽃은 웃고 새는 노래한다.	화 소 조 가 花笑鳥歌
진리가 평등하기 때문에	진 리 평 등 고 眞理平等故
옛날과 지금에 한결같고	고 금 일 여 古今一如
만법이 평등하기 때문에	시 법 평 등 고 是法平等故
높고 낮음과 길고 짧음과	고 하 장 단 高下長短
옳고 그름과 밝고 어두움과	시 비 명 암 是非明暗
선과 악과 생과 사가 없으며	선 악 생 사 도 무 善惡生死都無
사람의 마음이 평등하기 때문에	인 심 평 등 고 人心平等故

자연과 화해하며 배우며

눈은 가로 열리고 코는 내리붙었으며 　眼^안橫^횡鼻^비直^직

빛을 보고 소리를 들음이 서로 같나니 　見^견色^색聞^문聲^성相^상同^동

이것을 이름하여 아뇩다라삼먁삼보리라 하노라

是^시名^명阿^아耨^뇩多^다羅^라三^삼藐^먁三^삼菩^보提^리

[한참 있다가 이르셨다(良^양久^구云^운).]

이후의 긴말은 　向^향下^하長^장言^언

내일 와서 할지어다. 　明^명日^일更^갱來^래

자연 속에서 배워라

이 평등법 속에 있는 인간은 만물과 화해和解를
하며 살아가야 하는데, 만물과 서로 화해를 한다
는 것은 '만물을 남용하지 말라'는 말이다.

우리 인간은 이 세상의 기본요소인 **목화토금수**
木火土金水의 **오행**五行을 모두 쓴다. 나무도 쓰고
불도 쓰고 흙도 쓰고 쇠도 쓰고 물도 쓰고 있다.
이러한 목화토금수를 내가 수용受容하되 남용을
하지 말아야 만물과 더불어 화해를 하는 것이다.

그런데 쓸데없이 물을 남용하고 산을 파헤치고
나무를 마구 베어버리고 생명을 함부로 다루는 이
들이 많다. 이렇게 하면 자연과 화해를 할 수가 없
고, 그로 인한 과보를 받을 수밖에 없다.

그럼 어떻게 할 때 화해를 잘할 수 있는가? 자연
속에서 배우면 된다. 자연에 순응하고 자연에서 배
워야 한다.

하늘과 허공을 접할 때는, 하늘과 같이 가없고
변화 없는 마음과 허공과 같이 왕래 없이 마음을
쓰리라[用心] 결심해야 한다.

마음은 하늘이나 허공처럼 가고 옴이 없는 것이니, 어디를 가더라도 간 것이 아니요 와도 온 것이 아니다. 온 것 같으면서도 온 것이 없고 간 것 같으면서도 간 것이 없는 이것을 여래如來라고 한다.

땅을 보아라. 땅에 나락 한 낱을 심어놓으면 거기서 벼가 자라나 한 이삭에 250낱 이상이나 붙는다. 땅이 곡식을 길러 사람들을 풍성하고 이롭게 하듯이, 우리도 남을 이롭게 하기를 땅과 같이 해야 한다.

또 크고 넓은 **바다**를 볼 때 '저 바다가 넓고 깊고 끝이 없으니 내 마음도 저 바다와 같이 넓고 깊어야 하겠다' 하면서 배우고,

산에 오를 때에는 '이 산이 이렇게 높으니 내 도덕道德과 지식知識도 이 산과 같이 높아야 되겠구나',

산에 올라서서 **바위를 볼 때는** '이 바위가 이렇게 단단하니 내 마음의 용심用心도 이 바위와 같이 견고堅固하게 만들리라'고 해야 한다.

흐르는 물도 그냥 볼 것이 아니라 '쉬지 않고 흘러가는 시냇물이 저렇게 맑으니, 내 마음도 저 물과 같이 맑고 깨끗해야 되겠다'하고,

좋은 향기를 토하는 장미나 작약꽃 등의 **꽃을 볼 때는** '나도 저 꽃과 같이 향기가 있어야 되겠다'고 하면서 품위를 지켜야 한다. 절조 없이 못된 짓을 하면 자기 인생의 향기를 잃어버리고 만다.

이렇게 생각하고 결심하고 마음을 먹으면, 산에서 배우고 물에서 배우고 바다에서 배우고 바위에서 배우고…. 만물에서 다 배울 수 있게 되는 것이다.

자연에 순응하여 화해하고 배우다 보면 자연과 능히 대화를 하고 서로를 살려갈 수가 있다. 이와 관련된 이야기 하나를 하겠다.

❁

나무를 가꾸며 평생을 보낸 정원사 노인이 있었다. 일생을 나무에 정성을 쏟으며 살다 보니, 노인은 나무들과 이야기를 나눌 수 있게 되었다.

"할아버지, 목말라요. 물 좀 줘요."

"오냐. 그러마."

"배고파요. 거름 주세요."

"잔가지 좀 쳐줘요. 답답하고 숨이 막혀요."

"오냐. 그러마."

노인과 나무들은 언제나 즐겁고 편안하게 지냈는데, 하루는 가까이에 있는 농업학교에서 노인에게 나무 기르는 기술과 경험담을 강의해 달라고 하였다.

강의에 응한 노인은 수많은 학생들이 모인 강당에서 분필을 잡은 채 한참 동안을 그냥 서 있었다.

　'무슨 말씀을 하시려나?'

　학생들 모두가 잔뜩 귀를 기울이고 있는데, 갑자기 노인이 분필을 내려놓으면서 말했다.

　"못 하겠습니다. 나무의 일은 나무가 말을 해야 하는데, 나무는 말을 못 하고 나무가 아닌 내가 나무의 말을 대신 하려고 하니 말이 안 됩니다. 못 하겠습니다."

　그리고는 내려오자 학생들이 우레와 같은 박수를 보냈다.

§

　강의를 못 하고 내려오는 할아버지에게 무엇 때문에 학생들이 우레와 같은 박수를 친 것인가? 나무와 하나가 되어서 나무와 진짜 대화를 나누는 할아버지의 진심을 느꼈기 때문이다.

　자연과 하나 되는 삶….

이제 산과 물에 관한 청산녹수가靑山綠水歌를 부
르면서 금일의 법문을 마무리하노라.

높고 높은 청산은 반공중에 솟아 있고
흘러가는 녹수는 창해로 화해지네
예전에는 청산은 청산이요 녹수는 녹수로 보였는데
어제는 청산이 곧 녹수요 녹수가 곧 청산이었고
오늘 보니 청산은 청산이요 녹수는 녹수로구나
솔 아래 동자에게 묻노니 어느 것이 옳으냐?

"할喝"
〔하고 법좌에서 내려오시다.〕

물과 바다의 가르침

[법좌에 올라 주장자를 한 번 구르고 이르셨다]

물이 되어 산 정신으로

물은 어디든지 들어가야 하고 필요한 것이다. 마셔야 하고, 물로써 청결하게 때를 씻어야 한다. 물이 없으면 잠시라도 살 수가 없다.

진리도 물과 같아서, 우리의 일상생활과 떼려야 뗄 수 없는, 밀접하고 중요한 것이다.

그러므로 우리가 진리를 알고 정신적으로 좀 더

향상되고 여유롭게 살고자 하면, 일상생활에서 불교의 진리를 물과 같이 생활화해야 한다.

불교의 진리가 어렵고 요원하게 느껴지더라도, 흐르는 물과 같이 꾸준히 생활화하게 되면 진리와 맞아떨어지는 삶을 이룰 수 있게 된다.

곰곰이 돌아보면 우리의 삶 속에는 견디기 어려운 고통들이 많다. 눈과 귀에 부딪히는 여러 가지 일들 때문에 마음이 어지러워지고 감정을 상하게 되는 일들이 부지기수다. 그것을 잘 참아내고 용기 있게 넘어서야 한다.

그야말로 물과 같이 처신하며 살아야 한다.

· 물은 흘러가다가 돌과 나무 등의 장애물과 부닥치면 더욱더 용기를 내어 소리를 지르면서 허공으로 솟구쳐 올라 장애물을 뛰어넘는다.

· 물은 어려운 굽이를 만나면 한동안 조용히 맴돌다

가 나아간다.

· 물은 큰 웅덩이를 만나면 가득 고이기를 기다렸다
가 완전히 찬 다음에 흘러 내려간다.

이 세 가지가 물이 가르쳐주는 처세법이다.
이 밖에도 물은 많은 것을 가르쳐 준다.

내가 1961년 12월 20일에 영축산의 산세山勢를
보고 극락암 백호등 끝에서 약수를 발견하였는데,
그 물 맛이 매우 좋았다.

그래서 물을 마시는 모든 사람들이 볼 수 있도
록 1963년 9월에 다음과 같은 글을 써서 '산정약
수山精藥水'라는 비석을 세웠다(현재 이 비석은 통도사
극락암에 있음).

이 약수는 영축산의 산정기로 된 약수이다. 나쁜 마음
을 버리고 청정한 마음으로 먹어야 모든 병이 낫는다.

- 물에서 배울 일 -

· 사람과 만물을 살려 주는 것은 물이다.

· 갈 길을 찾아 쉬지 않고 나아가는 것은 물이다.

· 어려운 굽이를 만날수록 더욱 힘을 내는 것은 물이다.

· 맑고 깨끗하여 모든 더러움을 씻어주는 것은 물이다.

· 넓고 깊은 바다를 이루어 많은 고기와 식물을 살리고
되돌아 이슬비….
사람도 이 물과 같이 우주 만물에 이익을 주어야 한다.

영축산이 깊으니 구름 그림자가 차고

낙동강 물이 넓으니 물빛이 푸르도다. 미소할 뿐

靈鷲山深雲影冷　　　영축산심운영냉

洛東江闊水光清 哂　낙동강활수광청 신

이 비석의 글 중, '되돌아 이슬비' 다음의 말 줄임
표(…)와 '미소할 뿐[哂]'에 깊은 의미가 깃들어 있
다. 끊임없는 순환을 나타내는 '…'와 '미소' 속에.

만물의 영장인 우리 인간은 물처럼 살아야 한
다.

멋진 삶을 살고자 하면 흐르는 물처럼 살아있는
정신을 지녀야 한다. 물처럼 살아있는 정신으로
살면 아무리 어려운 일에 부딪히더라도 능히 넘어
서서 잘 살 수가 있다.

물을 보아라.

깊은 산 속의 근원지에서 출발한 물은 계곡과 시
내와 강을 통과하여 바다에 이를 때까지 잠시도
쉬지를 않는다. 그러니 이 세상에 태어난 우리는
편안한 경지에 이를 때까지 산 정신으로 쉼 없이
나아가야 한다.

또 살다가 힘든 고비를 만나면, 폭포가 되어 벼
랑에서 떨어지는 물을 생각하고, 바위와 부딪힐 때
더욱 힘을 내고 더욱 큰소리를 내는 물을 생각하
면서 역경을 넘어서야 한다.

자꾸 주저하고 머뭇거리지 말아라. 물이 정체되면 썩는 것과 같이, 삶에 대한 회의에 빠지거나 길을 벗어나서 다른 번뇌에 빠져 있으면 산 정신을 잃어 썩어버리고 만다.

모름지기 물이 되어 산 정신으로 살아가야 한다.

큰일이 생기면 바다가 되라

그리고 마음에 들지 않는 인연과 함께하게 될 때나 비바람이 몰아치는 듯한 큰일에 부딪힐 때면 **큰비가 온 날과 그다음 날의 바다**를 생각하면서 잘 넘어서야 한다.

저 바다를 보아라. 물이 산과 육지의 온갖 더러운 것들을 말끔히 씻어내면서 개울을 거치고 큰

강을 휩쓸어서 바다로 들어가면 더러운 것은 전부 없어진다.

큰비가 오는 날, 바다에 가본 사람은 알 것이다.

큰비가 오고 홍수가 나면 흙탕물과 함께 온갖 잡물·오물들이 거세게 바다로 흘러 들어간다.

그때 바다가 어떻게 하더냐? 커다란 바다는 아무렇지도 않게 그 모든 것을 그냥 받아들인다.

그리고 그다음 날에 가보면, 흙탕물과 오물로 더럽혀졌던 어제와는 달리 맑디맑은 퍼런 바닷물이 되어 있다.

이것이 바다가 깨우쳐 주는 요긴한 가르침이다.

살다 보면 주변에 거슬리는 것이 많다. 그럴 때는 일일이 옳고 그름을 따지지 말고 그냥 놔둬라. 모든 것이 그렇게 어울려서 흘러간다.

시비가 시비가 아니라 그 이름이 시비요, 반야바

라밀이 반야바라밀이 아니라 그 이름이 반야바라밀인 것이다.

그러므로 큰일이 생기거나 마음에 들지 않는 사람을 만나면, 마치 바다가 떠내려오는 모든 것을 포용하듯이, 시시비비를 떠나서 그 일과 사람을 포용하여 마음을 편안하게 만들어야 한다.
나아가 바다와 같이 무한하고 광대한 마음을 가지고 일체중생들을 포용해 나가는 보살이 되어야 한다.

잊지 말아라. 고요한 바다에 바람이 불면 출렁거려 파도가 일어나고, 파도가 일어나면 거품이 생긴다. 바람이 불면 생겨나는 그 파도가 본래 있는 것이 아니듯이, 마음에서 홀연히 일어났다가 사라지는 우리의 번뇌망상도 본래 있는 것이 아니다.
더욱이 그 파도도 바닷물이 아니더냐!

물 흐르듯이 살고, 바다와 같은 마음으로 살아
갈지니라.

"할喝"

[하고 법좌에서 내려오시다.]

제2장

가족에 대한 법문

가족의 역할

[법좌에 올라 주장자로 법상을 한 번 치고 이르셨다.]

오늘은 화목한 가정을 이루고, 가족 모두가 뜻과 같이 성취하는 가정을 이루기 위해서는 어떻게 해야 하는지에 대한 불교의 가르침을 소개하겠다.

화목한 가정. 평화로운 가정.
이러한 가정에는 '화和' 자가 반드시 들어 있다.
'화할 화和' 자는 '벼 화禾' 변에 '입 구口' 자를 더한 것인데, 벼를 찧어 가지고 술도 빚고 떡도 하고 단술도 만들고 밥도 해서 입에 넣어주면, 불평

불만을 가지고 있던 사람도 그만 화和하여지게 된
다.

삐뚤어진 가족이나 화하지 못한 가족이 있을 때
맛있는 음식을 해서 즐겁게 먹으면 화하여진다고
하여, 벼 화 변에 입 구를 더하여 화和 자를 만든
것이다.

이렇게 음식을 만들어 먹는 것만으로 화목과 화
합과 평화가 이루어진다면 얼마나 좋겠는가마는,
정성껏 음식을 만들어서 즐겁게 나누어 먹는 유순한
마음이 있으면 어찌 가정이 화목해지지 않겠는가!

그러므로 가족 모두가 화합을 위해 유순한 마음
으로 정성을 모아야 한다. 남편은 남편대로, 아내
는 아내대로, 부모는 부모대로, 자녀는 자녀대로,
부드러운 마음으로 정성을 모으고 서로를 위해야
한다. 부모와 자녀와 부부가 서로 공경하고 사랑

하면서, 말과 표정을 부드럽게 하고, 지킬 것을 지키면 화합은 저절로 이루어지는 것이다.

 이제 가족들이 지켜야 할 사항들을 간략히 살펴보자.

 남편이 아내에게 꼭 지킬 일:남편은 매사에 아내를 공경해야 하며, 음식과 의복을 마련할 돈을 주어야 하며, 금은 등의 패물을 정도에 따라 해 주어야 하며, 집안의 돈과 물건을 쓸 수 있는 권한을 주어야 한다.

 이 중 자기 아내에게 금은 등의 패물을 해주라고 한 것은, 여성이 천성적으로 패물을 좋아하기 때문에 패물로 호감을 주고 위로를 해 주라는 것이다. 그러나 빈한한 가정이면 부인에게 금은 패물을 해 주는 것이 힘들 터이니, 집안의 형편에 따라 해야 할 것이다.

아내가 남편에게 꼭 지킬 일 : 남편에 대해 항상 마음을 공순하게 쓸 것이며, 설사 잘못을 말하더라도 부드럽게 대할 일이며, 특별한 일이 있으면 혼자서 마음대로 하지 말고 남편과 먼저 상의를 해야 한다.

항상 남편이 건강하기를 바라고, 집안을 잘 정돈해야 하며, 남편의 착한 일만을 생각하고 잘못하는 일은 생각하지 말 것이다.

남편의 착한 일만 생각하고 잘못은 생각하지 말라고 한 까닭은 무엇인가? 남편이 잘하는 일은 기억하지 않고 잘못하는 일만 가슴에 간직하였다가, 한 달 혹은 두 달 뒤나 일 년 내지 십 년 뒤에 그 일들을 끄집어내어, 감정과 불평을 일으키면 가정불화가 크게 생겨나게 된다. 그래서 이를 특별히 경계한 것이다.

부모가 자녀들에게 꼭 지킬 일 : 잘못하는 일은 못 하게 하고 착한 일은 잘하도록 독려해야 하며, 적령기에 교육을 시켜야 하며, 성인이 가르쳐준 경계警戒할 일들을 일깨워 주어야 한다.

결혼은 적령기에 시켜야 하며, 집안에 있는 돈이나 물건을 정도에 따라 베풀어 줄 일이다. 자식을 너무 일찍 결혼시키는 것도 좋지 못하고, 너무 늦게 결혼시키는 것도 자녀들을 허황하게 만드는 발단이 된다.

모든 곡식의 종자도 심을 시기를 잃지 않고 그때를 맞추어 심어야 곡식의 결실이 좋은 것과 마찬가지로, 자녀들의 결혼도 적령기에 하는 것이 좋다.

자녀가 부모에게 꼭 지킬 일:잘못된 일로 부모님께 걱정을 끼치지 말며, 부모님의 은혜를 잊지 말지며, 부모가 병이 나면 두려운 생각을 하고 정성껏 치료를 하여 드릴 일이다.

남편·아내·부모·자녀가 스스로의 의무와 책임을 잊지 않고 행하면, 그것이 곧 도道이며 일상삼매日常三昧이다.

진리와 도에 합한 일이라야 가정이 화목하고 부흥되는 법이요, 그렇지 않고 비진리非眞理로 행동하면 가정이 망하는 법임을 잊지 말기 바란다.

"할喝"

〔하고 법좌에서 내려오시다.〕

남편의 도리

이번에는 남편의 아내 아끼기를 조금 더 상세히 살펴보자.

나는 극락암으로 부부가 함께 찾아오면, 부인에게 아이가 몇인지를 묻는다.

"셋입니다."

"아이구, 세 번 죽다가 살았구나. 너희 남편이 보석 반지 해 주더나?"

대답이 없으면 남편을 돌아보면서 말을 한다.

"반지 해 주면서 데리고 살아라. 여자에게는 옷과 패물과 알록달록한 채색을 좋아하는 천성이 있으니, 가장은 아내에게 마땅히 금은보석 같은 패물과 멋진 옷을 해 주어야 한다. 부처님도 여자에게 패물을 해 주라고 하셨다."

§

내가 이렇게 말을 한 까닭은, 남편 되는 사람이면 마땅히 부인을 아껴야 한다는 것을 강조하기 위해서이다.

아내가 아이를 다섯 낳았으면 다섯 번 죽었다가 살아났고 넷을 낳았으면 네 번 죽었다가 살아났으니, 형편이 닿는 대로 부인에게 포상을 해야 한다. 그래서 보석 반지나 옷을 하나씩 해주라는 것이다.

보석 반지를 해주면 그것을 팔아 술을 받아먹겠

느냐, 떡을 사 먹겠느냐, 노름을 하겠느냐? 그대로 두었다가 궁색할 때나 아이들 교육시킬 때 팔아서 보낼 것이니, 보석을 해 주라는 것이다. 어떻게 하든 남편은 아내가 고생한다는 것을 알아주어야 한다.

큰 집들이 가만히 서서 몇십 년, 몇백 년을 지탱하는 것은 주춧돌이 잘 놓여 있기 때문이다. 한 가정의 아내는 저 보이지 않는 주춧돌과 같은 것이다.

아내가 살림살이를 잘하고 여물어야 집안이 잘되지, 아내가 잘 못하면 돈도 안 붙고 집안도 잘 안된다. 그러므로 그 누구보다도 아내에게 잘해야 한다.

그럼 남편은 어떤 도리를 다하면서 살아야 하는가? 남편에게는 다섯 가지 도리가 있다.

첫째, 아내를 업신여기거나 욕을 하면서 가벼이 하지 말고, 존경하는 태도로 대하여야 한다.

둘째, 부지런히 일을 하고 사업을 성취해서 집안 식구들 의식주에 어려움이 없도록 하고, 가정과 사회와 국가를 위하는 활동을 해야 한다.

잘사는 것은 지혜 놀음이니, 게으름을 부리지 않고 힘써 하면 먹고 입는 일이 군색하지 않다. 남편은 밖에서 일을 하고 아내는 집안일을 맡아서 하는 것이 기본이지만, 집안이 곤란하면 내외간이 함께 활동을 해서 살아야 한다.

셋째, 앞서 이미 이야기하였듯이 여자는 옷과 패물과 알록달록한 채색을 좋아하는 천성이 있으니, 남편은 아내에게 금은 등의 패물을 해 주어야 한다. 패물을 해주어 부인의 마음을 좋게 해주면 가정 살림이 잘되니, 살기가 넉넉거든 그렇게 하라는 것이다.

  넷째, 아내가 가정에서 물질이나 얼마간의 돈을
마음대로 쓸 수 있도록 해주어야 한다. 부처님 당
시에도 인색한 남편이 돈을 조금씩 주어서 아내가
애를 먹는 경우가 자주 있었다. 아내에게 쓸만한
물건이나 돈을 맡겨놓고 알아서 쓰도록 해야지,
그렇지 않고 아내를 의심하면 가정이 잘될 수가
없다.
  '믿음은 도의 근원이 되고 공덕의 어머니가 된다'
고 하였듯이, 부부간에도 의심 없는 가운데 서로
믿음을 가져야 가정뿐만 아니라 모든 일이 잘된
다.
  불교에 대한 신심이 깊으면 수행을 잘할 수 있
고, 친구 간에 믿음이 있으면 서로를 잘 도울 수가
있다. 하물며 부부인데 말할 것이 있는가! 믿으면
잘 살고, 불신을 하면 될 일도 안 된다.

다섯째, 남편은 밖에서 오입을 하지 말아야 한다. 남편이 밖으로 삿된 마음을 두고 바람을 피우면 집안이 화목하지 못하게 되고 풍비박산이 난다.

한 가정을 책임진 남편들은 태평 시대에도 정신을 무장하고 있어야 한다. 정신통일을 해가지고 가족들을 돌보면서 하루하루를 멋지게 살려고 해야 한다.

또 바쁜 중에도 여유를 가지고 살아야 한다.

❀

부산에서 병원을 하는 한 의사는 저녁에도 환자들이 몰려와서 자기의 몸을 돌볼 시간이 없었다. 몸이 만사의 근본인데, 밥 먹을 시간도 없고 볼일을 볼 시간도 없다는 것이었다.

그래서 그에게 권하였다.

"오후 여섯 시가 되면 병원문을 닫고 자동차 타

고 해운대에 가서 목욕을 해라.

오늘이고 내일이고 나에게 올 복은 언제라도 반드시 온다. 그러므로 사업에, 돈에 너무 얽매이지 말고 건강을 돌보아야 한다. 그리고 볼일이 있으면 볼일을 보면서 살아야 한다."

그는 나의 말을 듣고 매일 온천욕을 하면서 여유 있는 가장의 삶을 되찾게 되었다.

§

또 어떤 사람은 죽을 때 유언하기를, 관과 상여에 구멍을 뚫고 손을 밖으로 내어놓게 하였다. 자식도 많고 모아 둔 재산도 많지마는, '갈 때는 혼자 빈손으로 간다'는 것을 다른 사람에게 가르쳐 주기 위해서였다.

남편 노릇, 가장 노릇 잘하는 것이 어찌 쉽겠냐마는, '나'를 내려놓고 슬기롭게 잘 살아가기 바란다.

天共白雲曉 천공백운효

水和明月流 수화명월류

하늘은 흰 구름과 한가지로 밝고

물은 밝은 달과 화하여 흐르도다

'할喝!'

〔하고 법좌에서 내려오시다.〕

아내의 나아갈 길

[법좌에 올라 주장자를 세 번 구르고 이르셨다.]

아내의 네 가지 덕

이번 법문에서는 아내의 덕과 도리에 대해 이야
기하겠다.

한 집안의 해인 아내(안의 해).

이 아내가 네 가지 덕을 지니면 다른 사람에게
공경을 받게 되고, 가정에 행복이 돌아오고, 가업

家業이 부흥하게 된다. 물론 자녀들 교육에도 좋다.

집을 지을 때 잘 보이지 않는 주춧돌을 견고하게 놓아야 집이 기울어지지 않고 넘어지지 않듯이, 한 집안의 주춧돌 노릇을 하는 아내의 역할은 너무나 크다.

이 아내의 영향력은 가정적으로나 사회적으로나 국가적으로 전체의 십분의 칠에 이르는 힘을 가지고 있다.

그 까닭이 무엇인가? 아내가 덕이 있어야 집안이 화평하고 일가친척과 주변이 화목하게 되기 때문이다. 나아가 남편이 출세하여 명예를 얻는 것도 아내의 덕과 내조內助 없이는 쉽지가 않다.

그럼 아내의 네 가지 덕은 무엇인가?

첫째, 평소에 소소한 물질을 가지고 남과 다투지 말아야 한다. 내 집안을 건설하고 사회·국가·인류를 위해서 헌신할 수 있는 아내가 소소한 물질로 남과 다툰대서야 말이 아니다.

예전에 이웃 되는 양쪽 집에서 각각 호박을 심었는데, 호박넝쿨이 상대방 집으로 넘어가면서 생긴 호박 한 덩이 때문에 싸우다가, 감정이 극에 이르러서 사람을 죽이는 것을 보았다. 이런 어리석은 짓이 어디에 있느냐?

내가 부자가 되어 가난한 사람을 돕겠다는 큰 생각을 하여야지, 작은 물질 때문에 싸워서는 안 된다.

둘째, 살다가 어려운 일이 생기더라도 남편이나 부모나 다른 사람을 원망하지 않아야 한다.

사람이 살다 보면 좋은 일 궂은일이 생겨나기 마련이고, 즐거움도 있고 괴로움도 있기 마련이다. 그런데 집안에 곤란한 일이 생기면 남편이나 시부모를 원망하다가, 나중에는 중매를 선 사람에게까지 '공연히 중매를 서서 이런 고생을 시킨다'고 불평을 하기도 한다. 원망과 불평보다는 용기를 내어서 어려움을 타개해 나가야 한다.

셋째, 절약하고 검소한 생활을 할 뿐, 분에 넘치는 생활을 해서는 안 된다.

복은 분수를 지키는 데서 오는 것인데, 좋은 옷을 입거나 좋은 음식을 먹을 형편이 아닌데도, 부자들의 본을 보고 남편에게 잘 입고 잘 먹자고 한다면 도둑질이라도 하라는 말인가?

오히려 현실의 어려움을 받아들여서 살림을 잘 꾸려 나가고 분수를 지켜 살아가면 집안 형편을 넉넉하게 만들 수가 있다.

'만족하며 사는 이가 가장 큰 부자'라는 말씀을 명심하기 바란다.

넷째, 시부모나 친부모를 잘 섬겨 효도를 다 하고, 남편에게도 잘하며, 다른 사람들을 착하고 공경스럽게 대해야 한다. 공경과 섬김이 만 가지 덕의 근본이라는 것을 잊지 말아야 한다.

남편에게는 이렇게

또 부처님께서는 남편을 대하는 아내의 다섯 가지 교훈을 남기셨다.

첫째, 아내는 유화선순柔和善順하여야 한다. 항상 마음을 부드럽고[柔] 온화하고[和] 착하고[善] 순하게[順] 가져야 한다.

교만을 버리고 부드럽고 온화하고 착하고 순한 마음으로 다른 가족을 대하면 모두가 화합을 하게 되고, 화합을 하면 모든 것이 잘 풀리고 다 잘

된다.

찰떡이나 송편 등의 떡은 쪄 가지고 따끈따끈할 때 두드려야 화합이 되지, 서늘하게 식으면 화합이 안 된다.

아내의 역할은 이와 같은 것이니, 아내의 마음이 부드럽고 화하고 착하고 순하게 되면 일이 저절로 이루어진다.

반대로 집안이 화和하지 않으면 그 집안은 망하지 않을 수 없다.

좀 더 부언하면, 아내가 성질이 모질어서 남편이 무어라고 할 때 신경질을 내고 눈을 부릅뜨고 이를 뿌드득 갈고 욕을 하면, 남편이 일찍 죽든지 자기 몸에 병이 생기든지 자식이 없든지 돈이 없든지 하는 등의 해로운 일이 찾아든다.

수많은 사람들을 상종해 본 결과, 아내가 악한 집안은 어려움이 닥칠 때 복구가 잘되지 않았다.

또 주부가 음식을 장만해서 맛본다고 조금 먹는 것은 괜찮지만, 좋은 음식을 부모나 남편보다 먼저 먹어 버리는 짓은 좋지가 않다.

둘째, 남편 되는 사람이 잘못을 나무랄지라도 금방 골을 내고 원망을 하지 말아야 한다.

사람들 중에는 몰라서 잘못을 저지르는 이가 있고, 잘못임을 알면서 저지르는 이가 있다.

모르고 잘못을 저질렀을 때 남편이 나무라면 속으로 감수하고 조용히 있거나 잘못에 대해 용서를 구하면 된다. 그런데 자기의 허물을 말한다고 골을 내고 토라지고 눈물을 흘리는 여자가 더러 있다.

결과적으로 남편과의 거리만 멀어지게 될 뿐, 녹이고 풀어야 할 매듭은 오히려 더 견고해지고 만다. 그래서 남편이 나무라더라도 맞받아 싸우지 말고, 오히려 '잘못했어요, 다시는 안 그럴게요' 하라고 일러준다.

셋째, 일심으로 남편을 사랑할지니 사음邪淫에 대한 생각을 하지 않아야 한다.

이 말은 여자의 정조를 말하는 것이다. 남녀 간에는 모름지기 정조가 있어야지, 정조가 없으면 아무리 고와도 향기가 없는 꽃과 같아서 가치가 없다. 더욱이 정조를 지키지 않는 것은 집안을 망치는 일이 되니 정조를 잘 지키라는 말이다.

넷째, 항상 남편이 오래 살기를 기원해야 한다.

결혼하여 자식도 낳고 가정을 이루었는데, 남편이 일찍 죽으면 어떻게 되겠는가? 집안이 매우 힘들어진다. 그러므로 남편이 오래 살 수 있도록 세심하게 보살피고 내조를 잘하여야 한다.

다섯째, 항상 남편의 착한 점만 생각하지 나쁜

점은 생각하지 말아야 한다.

이 말은 왜 하는가? 남편 되는 사람은 그 아내에게 좋은 일도 하지만 잘못하는 일도 저지르기 마련이다. 성현이 아닌 다음에는 전부 착할 수가 없다.

남편의 좋은 점과 잘해주는 것은 다 잊어버리고, 조금 잘못되고 섭섭하게 한 것만 가슴 속에 품고 있다가, 오랜 시간이 지난 다음에 그 일을 끄집어내어 대든다면 어떻게 되겠는가? 아늑하고 화목한 가정을 이룰 수가 없다.

부처님께서 아내들에게 해주신 이 말씀은 천고千古에 변치 않는 것이며, 잘못되었다고 할 사람이 없다. 중생들의 용심用心을 그대로 그려낸 말씀이니, 잘 새겨서 실천하기 바란다.

태중교육

그리고 아기를 잉태하면 태중교육胎中敎育에 신경을 써야 한다.

산모가 거짓말을 하면 아기도 거짓말을 배우고, 도둑질을 하면 아기도 도둑질을 배운다. 신경질을 내고 화를 내면 아기도 그대로 배운다.

아기가 자라 신경질과 화를 잘 내면, 엄마가 아기를 가졌을 때 신경질을 많이 낸 때문이라고 한다.

특히 아기에게 젖을 먹이는 엄마는 분노에 휩싸여서는 안 된다. 화를 내고 감정을 내면서 젖을 먹이면, 그 젖이 독소가 되어서 젖을 토하거나 설사를 하거나 피똥을 싼다.

또 엄마의 사고방식이 험악하여 그 마음이 삿되고 포악하면, 아이가 그 나쁜 것들을 이어받는다. 그러므로 엄마는 청정한 마음으로 정조를 지키고 말을 삼가고 자기의 분수를 지키고 행동들을 다른 사람의 모범이 되게 하여야 한다.

현명한 아내와 엄마, 요조숙녀, 효성 있는 훌륭한 여성은 그냥 되는 것이 아니다. 올바른 법[正法]을 믿고, 건전한 신앙생활에 귀의하여 도를 배우고, 정신 수양을 하여야 이상적인 인격이 형성되는 것이다.

자녀들을 학교에 보내는 것만 교육이 아니다. 부인이 자식을 태중胎中에서부터 교육하는 법에 의지하여 태중 교육을 잘 시키고, 어머니가 자녀의 가정교육을 어릴 때부터 세밀히 시켜야, 그 아이가 건강하고 명철한 두뇌를 가진 이로 성장하여 남을 위할 수 있는 인물이 되는 것이다. 잘 유념하기 바란다.

'할喝'

〔하고 법좌에서 내려오시다.〕

자녀 교육과 효도

[법좌에 올라 주장자를 세 번 구르고 이르셨다.]

어릴 때 교육이 평생을 복되게

오늘은 자녀 교육과 효도에 대해 이야기하겠다.

우리의 아이들이 방자함 없이 보람된 생활을 하고 자아발견自我發見의 진리를 추구하게 하려면, 어려서부터 바른 교육으로 싹을 잘 틔워야 한다.

그러기 위해서는 아무쪼록 자녀들이 어릴 때부터 본받을 수 있도록 부모가 신심 있는 생활을 먼저 실천하고, 가정에서 진지한 마음가짐과 처신에 대해 끊임없이 가르쳐야 한다.

평소 자녀들에게 가르쳐야 할 것 중에 가장 앞서는 것은 **식사 예절**이요, 식사 예절 중에 특히 강조해야 할 것은 음식에 대해 **감사의 마음**을 갖게 하는 것이다.

지금 먹는 밥 한 그릇에 자연계의 천지일월天地日月과 비와 이슬의 은공, 무더운 여름에 농부의 땀 흘린 노력이 담겨 있고, 수많은 인연들이 숨겨져 있다는 것을 알게 해주어야 한다.

밥 먹을 때에는 단정히 앉아서 먹도록 가르쳐야 한다. 이리저리 돌아보며 장난치지 못하게 하고, 침이 튀도록 떠들거나, 훌쩍거리거나, 젓가락으로 이빨을 후비거나, 수저에 밥풀을 묻혀서 다른 국물을 떠먹거나, 먹던 밥과 국을 남기지 않게 해야 한다.

 또 여럿이 먹는 식탁에서 맛있는 것을 자기 앞으로 끌어당겨 놓거나, 맛있는 것만 가려서 먹거나, 밥을 뒤로 파먹거나, 식사를 마치고 물을 마실 때 입 안에서 홀렁거려 소리를 내게 해서는 안 된다.

 그리고 생활 속에서 '용모보다는 마음을 아름답게 가꿀 것'을 강조하고, 항상 스스로에게 '부처가 깃들어 있다'는 것을 인식시켜 주어야 하며, 명랑하고 쾌활한 생활을 하도록 가르쳐야 한다. 그리고 늘 칭찬을 아끼지 말고, 감사하는 마음을 길러 주어야 한다.

 몸은 고요히 하고 얼굴은 찌푸리지 않으며, 부드럽고 착하고 어질고 순하고 온화하게 생활하되, 정의감을 가지고 일을 할 때는 서릿발 같은 냉정한 과단성을 갖도록 일러 주어야 한다.

다닐 때는 몸을 마구 흔들거나 손짓·발짓을 하지 않게 하며, 발가락 사이를 후비거나 입을 크게 벌려 하품하거나 다리를 꼬아서 앉지 않게 한다.

걸을 때 쓸데없이 뒤를 힐끔거리며 돌아보거나, 활갯짓을 하며 걷거나, 급한 일이 없는데 뛰어다니지 않게 한다.

손발을 항상 청결하게 하도록 가르친다.

말을 너무 큰소리로 시끄럽게 하거나, 너무 작게 비밀스러운 귀엣말을 하듯이 하게 해서도 안 된다. 문화 수준이 낮을수록 말소리가 시끄럽다 하니 생각해 볼 일이다.

그리고 웃을 때 입을 크게 벌리고 웃거나 너무 요란스럽게 웃지 않도록 가르친다.

이 밖에도 무슨 물건이든지 쓰고 나면 반드시 제자리에 가져다 두는 습관을 기르도록 하고, 약속 시간·공부 시간·집회 시간을 철저하게 준수하도록 하며, 변소에 가는 일도 반드시 기상과 동시에 가도록 가르친다.

또 함부로 침을 뱉지 말고, 낙서를 하지 말며, 글씨가 쓰여 있는 종이를 휴지로 사용해서는 안 된다고 일러주어야 한다.

흰 종이나 흰 옷감에 무슨 색깔이든지 먼저 물들이는 것이 중요한 것처럼, 어릴 때의 가정교육은 정말 중요하다.

부처님의 정법正法을 믿는 이들은 일상생활을 오로지 바르고 밝은 가운데서 해야 한다. 생각과 말을 바르게 하고, 앉고 서고 오고 가는 모든 행동을 바르게 해야 한다.

모름지기 공부·성공·출세를 가르치기에 앞서서, 바르고 밝은 삶의 방법을 가르쳐 주게 되면 평생을 복되고 덕스럽게 살 수가 있다.

부모 된 이로써 아들딸 손자들에게 이 복 되고
소중한 가르침을 뿌리내리게 하지 않는다면 두고
두고 후회막급하게 되리라.

효도는 만복의 근본

끝으로 효도에 대한 이야기를 해야겠다.

효양부모孝養父母! 이것이야말로 만복의 근본이
니, 자식 된 이는 모름지기 부모에게 효도를 해야
한다.

부모는 자식이 병들게 되면 온갖 약을 구해다가
병을 낫게 하려고 애를 쓰는데, 가끔씩 보면 부모
가 감기 때문에 콜록콜록하면서 아파 누워 있어도
'나이 많은 사람에게 으레 있는 천식이나 노병老病'
이라 하면서 약 한 첩 지어주려 하지 않는 자식이

있다.

이렇게 무심한 마음으로 부모를 내팽개쳐서야 어떻게 복을 받을 수 있겠는가?

❁

신라 42대 흥덕왕(826~836 재위) 때의 일이다. 경주 모량리(현재의 현곡면)에는 손순孫順이라는 이가 홀어머니와 아내, 외아들과 함께 살고 있었다.

비록 가난에 찌든 살림살이였지만, 손순 내외는 지극한 정성으로 어머니를 봉양하였는데, 나무를 하여 장에서 팔고 나면 반드시 생선이나 고기를 사다가 어머니의 상에 올려 드렸다.

그러나 철모르는 어린 아들은 끼니때만 되면 할머니 밥상으로 달려가서 맛있는 반찬들을 집어 먹었다. 그렇게 손자에게 맛난 반찬을 열심히 먹이다 보니 할머니로서는 배가 부를 날이 없었다.

어느 날 손순은 아내를 불러 의논했다.

"아이는 낳으면 다시 얻을 수 있지만, 어머니를 다시 얻을 수는 없는 일이 아니겠소. 어머니가 굶주림 속에 계시니, 저 아이를 땅에 묻고 어머니라도 잘 모시도록 합시다."

아내가 찬동하자, 손순 부부는 외아들을 업고 취산醉山의 북쪽으로 가서 피눈물을 흘리며 땅을 파기 시작했다. 그런데 괭이 끝에서 '쿠왕—' 하는 아름다운 소리가 들려오는 것이 아닌가!

이상하게 생각하며 땅을 더 파자 돌종[石鐘] 하나가 모습을 나타내었고, 신기해하면서 그 종을 두드리자 묘한 소리가 울려 퍼졌다. 아내가 말하였다.

"이렇게 이상한 물건을 얻은 것은 필경 이 아이의 복이요, 아이를 묻지 말라는 계시인가 봅니다."

아이와 돌종을 각기 업고 집으로 돌아온 손순 부부는 돌종을 처마에 달아 놓고 아침저녁으로 두드렸다. 어느 날 흥덕왕이 반월성 누각에 올라 서

라벌을 살펴보는데, 서쪽으로부터 은은한 종소리
가 들려 왔다.

그 종소리에 마음이 맑고 쾌락해진 왕은 소리의
행방을 알아보게 하였다. 조사 후에 신하는 돌종
의 내력을 아뢰었고, 손순 내외의 효성에 크게 감
복한 홍덕왕은 그들에게 새로운 집과 함께 해마다
벼 50섬씩을 주도록 하였다.

이렇게 돌종 덕분에 어머니를 모시고 걱정 없이
살게 된 손순은 그 모든 은혜에 보답하기 위해 먼
저 살던 오막살이집을 고쳐 절을 만들고 이름을
홍효사弘孝寺라 하였다.

이 묘한 돌종은 진성여왕 때 후백제의 도둑들이
훔쳐 가기 전까지 60여 년 동안 홍효사에 있었다
고 한다.

§

'부모에게 효도하면 복을 받는다'는 것은, 어느 시
대 할 것 없이 다 통하는 너무나 당연한 진리이다.

복은 먼 데서 구할 것이 아니다. '내 부모가 곧 부처님'이라 생각하고, 부모에 대해 깊은 효성을 가져야 한다.

효도를 하면 반드시 복이 온다. 그것도 크게 다가오는 법이다.

'할喝'

〔하고 법좌에서 내려오시다.〕

제3장

몸은 법의 그릇

허망하면서도 귀한 몸

[법좌에 올라 주장자로 법상을 세 번 치고 이르셨다.]

몸을 통해 깨달아라

우리가 그토록 애지중지하는 '나'의 몸!

어리석은 중생들은 피고름을 잔뜩 싸고 있는 이 보따리를 굉장한 보물로 여기고 있다. 그래서 이 몸이 잘 벌고 잘 먹고 잘 입고 잘 꾸미고 잘 노는 것을 큰 자랑으로 여기고 위세를 부린다.

그러나 잠시 생각을 돌리고 스스로가 애지중지 하는 몸뚱어리를 살펴보아라. 이 몸뚱이는 여러 가지 인연이 모여서 이루어진 것으로, 인연이 다하는 날 사라져 버릴 물건이다.

　고고의 울음소리를 터뜨리며 태어난 이 몸으로, 여러 인연들과 '부모다 부부다 자식이다' 하면서 단맛 쓴맛을 고루 보며 살아가다가, 늙음이 오고 병마가 닥치면 마음대로 움직이지도 못하게 된다.
　그러다가 점점 고통이 심해지고 신음이 높아지고 숨결이 가빠져서 꼼짝을 못 하게 되고, 결국 들어갔던 숨을 내뱉지 못하거나 나갔던 숨을 들이켜지 못하면 죽는다.
　곧 숨 한번 돌리지 못하면 죽고 마는 것이다.

　이렇게 몸이 죽고 나면 가족들이 울고불고 야단법석을 떨지만, 이 죽은 물건은 냄새나는 송장으

제3장 몸은 법의 그릇

로 바뀌기 때문에 방에다가 오래 놔둘 수도 없다.

닷새만 되면 썩기 시작하고, 이레가 넘어가면 독한 냄새와 함께 각종 벌레가 생겨난다. 그때는 화장이나 매장을 하지 않고 견딜 수가 없다.

보아라. 이 몸뚱이가 인연이 다하는 것을!

지금은 우리가 이렇게 생생하게 있지만, 화장을 하면 한 줌의 재로 돌아가고, 매장을 하면 한 줌의 흙으로 사라진다.

다음에 태어날 곳은 천상인가, 지옥인가, 인간인가, 축생인가, 아수라인가?

우리가 이 몸의 주인공이 무엇인지를 밝히지 못하면, 이 몸이 죽은 다음에는 어디가 어딘지를 분간하지 못하게 된다. 그러므로 살아생전에 철저히 무상無常을 느끼고 마음을 닦아야 한다.

무상하다는 것을 느끼지 못하면 열심히 정진을

할 생각을 내지 않고, 열심히 정진을 하지 않으면 제 갈 길이 어디인지를 스스로 알지도 못하고, 스스로 찾아가지도 못한다.

이제 우리는 이 무상한 몸을 발판으로 삼아 발심發心을 하여야 한다. 우리의 몸과 관련된 네 가지 큰 의혹[四大疑惑]을 해결하겠다는 마음을 발하여야 한다.

그럼 무엇이 사대의혹四大疑惑인가?

첫째는 주인공을 모른다.
사람들은 자기의 몸이 참된 나라고 착각을 하여 애지중지하는데, 엄격히 따져보면 이 몸은 부모의 물건이지 자기의 물건이 아니다. 자기의 물건이 아니기 때문에 결국에는 버리고 가는 것이다.
남의 집에 하룻밤을 자도 주인을 찾아 인사를

하지 않고 가면 무례한 사람이 되는데, 평생토록
이 몸을 끌고 다니는 진짜 주인공은 찾지도 않을
뿐더러 모른 채로 그냥 살아간다.

둘째는 온 곳을 모른다.
이 몸을 끌고 다니는 주인공이 참된 자기일진대,
과연 어디에 있다가 부모의 태중으로 들어왔는지?
그 주인공이 온 곳을 도무지 알지 못한다.

셋째는 죽은 뒤에 어디로 가는지를 모른다.
호흡이 떨어져서 이 몸을 움직이게 하는 주인공
이 떠나면, 모든 의식이 없어지고 초목이나 돌과
같이 아무런 감각이 없다.
과연 이 몸을 떠난 주인공은 어디로 가는가? 그
주인공은 가는 것인가, 오는 것인가, 다시 태어나
는 것인가? 참으로 죽기는 하는 것인가?
도무지 나 자신의 생사거래生死去來를 알 수가

없다.

넷째는 죽는 날을 모른다.

그런데 이러한 의혹들을 해결하려는 사람은 별로 없고, 그저 갈팡질팡하면서 오욕락과 주색에 빠져 헤매다가, '아야 아야' 신음을 하며 죽어간다.

이렇게 허무하게 죽고 말 것인가?

아니다. 도를 닦아 사대의혹을 능히 해결하여야 한다.

도를 닦아 생사와 관련된 의혹들이 풀리게 되면, 우리의 몸이 이렇듯 무상하기만 한 것이 아님을 알게 된다. 부모로부터 받은 이 몸에 대우주의 모든 기운이 간직되어 있음을 깨닫게 되는 것이다.

소우주와 귀한 이 몸

우리의 몸을 우주 자연과 관련시켜 보자.

광명을 발하는 두 눈 중 왼쪽 눈은 해이고 오른쪽 눈은 달이며, 핏줄은 강물이요 위장은 바다이다.

머리카락과 털은 나무와 풀이니, 초목이 가을이 되면 단풍이 들어 낙엽이 지듯이, 우리 몸의 털도 나이가 많아지면 검은 머리가 흰 털로 바뀌어 가고, 털이 빠져 수도 많이 줄어든다.

우주의 생성生成하고 사라지는 원리가 우리의 몸에 전부 들어 있는 것이다.

그리고 불교에서는 이 세계를 풍륜風輪·금륜金輪·화륜火輪·수륜水輪·토륜土輪 등의 오륜세계五輪世界라 칭하고 있는데, 다섯 가지가 서로 의지하면서 돌고 있기 때문에 '바퀴 륜輪'을 써서 오륜五輪이라고 한다.

우리의 몸에도 이 오륜이 모두 갖추어져 있는데, 그래서 이 몸을 소우주라고 하는 것이다.

그럼 대우주인 오륜세계와 우리의 몸은 어떻게 생겨난 것인가?

그 원리는 똑같다. 중생의 업연業緣으로 말미암아 생겨나고 유지되고 사라진다.

중생의 마음 가운데 밝지 못한 무명의 바람〔無明風무명풍〕이 불기 시작하면 팔만 사천 가지 번뇌망상이 일어나고, 그 망상으로부터 우주가 생겨나고 우리의 몸이 생겨나는 것이다.

무명풍無明風이 계속 불면 **풍륜세계가 생겨나는**데, 우리의 몸으로 보면 숨을 들이마시고 내뿜는 이것이 풍륜세계이다.

이 풍륜세계가 우리가 살고 있는 곳인 토륜세계를 떠받들고 있는데, 이 **토륜세계**는 무명풍 때문에 생겨난 각종 장애로 말미암아 이룩된다.

원래 이 세계에는 걸림이 없는데, 밝지 못한 무명풍 때문에 무애無礙의 경지로 들어가지 못하게 되어 막힘이 있고 걸림이 있는 토륜세계가 이룩되는 것이다. 우리 몸에 비유한다면 살과 힘줄이 토륜세계다.

중생들은 막히고 걸리는 삶 속에서도 강한 고집과 집착을 하는 경우가 많은데, 이 강한 고집과 굳센 집착을 버리지 못하는 것으로 인해 **금륜세계**가 이루어진다. 우리 몸으로 보면 뼈[骨節]가 금륜세계이다.

고집과 집착이 강하면 탐욕과 분노가 더욱 치성해지고, 이 탐욕과 분노로 인해 **화륜세계**가 이루어지는 것이니, 우리 몸으로 보면 따뜻한 불기운 (체온)이 화륜세계이다.

그리고 정과 사랑과 애욕이 동하고 증장增長함으로 인해서 **수륜세계**가 이루어지는데, 우리 몸으로 보면 피와 진액이 수륜세계이다.

물이라는 것은 역수逆水, 거꾸로 흐르지 않고 끊임없이 밑으로 흘러 내려가는 성질을 가지고 있다. 인간의 애정도 물에 속하기 때문에 밑으로 밑으로 흘러 내려간다. 자식이 부모에게 정성 다해 효도하고 동생이 형에게 아무리 잘하더라도, 부모의 마음이나 형의 마음을 넘어설 수가 없다.

또 사랑이 물에 속하기 때문에, 누가 죽든지 감정이 동하면 하면 눈에서 눈물이 흐른다.

이처럼 오륜세계는 중생의 마음과 생각과 번뇌를 좇아서 된 것이요, 이 오륜의 생성 원리가 소우주인 우리의 몸에도 다 갖추어져 있다는 것을 분명히 알아서, 아무쪼록 소우주인 이 몸을 보배롭게 잘 써야 한다.

❀

예전에 보검寶劍을 잘 만드는 사람이 칼 두 자루를 만들어서 가까운 두 사람에게 나누어 주었다.

그 중 한 사람은 무장武將이었는데, 그 보검을 가지고 전쟁터에 나아가 큰 공을 세우고 나라를 편안케 하였다.

그런데 다른 한 사람은 그 좋은 보검을 가지고 개 잡고 소 잡는 데 사용하였다. 가축을 잡는 데는 보통 칼로 해도 될 터인데, 보검이 잘 든다는 이유 하나만으로 그 칼을 함부로 쓴 것이다.

🜁

근본적으로 보검은 좋은 칼이다. 그런데 어떤 이는 보검으로 쓰고 어떤 이는 막칼로 쓴다. 어떻게 쓰느냐에 따라 보검의 가치는 전혀 달라진다. 아무리 좋은 보검이 있어도, 사용을 잘못하는데 어쩌겠는가?

소우주인 우리의 몸은 무어라 말할 수 없을 정도로 좋은 보검이다. 그러므로 이 보검을 참으로 잘 써야 한다. 그런데 보검으로 소 잡고 개 잡듯이 잘못 쓰다가 땅 밑으로 들어가서야 되겠는가?

우리 모두 이러한 원리를 새기면서 부지런히 공부하여, 우리의 몸과 마음이 본래 이 화엄법계華嚴法界요, 원래로 청정하여 물듦이 없는 자리요, 분별이 없고 나와 너[能所]가 없는 본래 부동지不動地의 부처요, 비로자나불毘盧遮那佛임을 깨우쳐 가야 한다.

할喝!
[하고 법좌에서 내려오시다.]

이 몸속의 부처님

[법좌에 올라 대중을 쭉 둘러보고 이르셨다.]

불국정토가 이 몸에

대부분의 우리나라 사람은 불국사를 가보았을 것이다.

이 불국사에 가면 대웅전 앞뜰에 **석가탑과 다보탑**이 있는데, 석가탑은 열반에 드신 석가모니불의 보탑寶塔이요, 다보탑은 열반에 들지 않으신 다보여래多寶如來의 보탑이다.

석가탑은 오층이고 다보탑은 십일층인데, 우리의 몸은 석가탑도 되고 다보탑도 된다.

왜 우리의 몸이 석가탑인가? 발목까지 1층, 무릎까지 2층, 허벅지까지 3층, 허리까지 4층, 목까지 5층이니, 석가탑은 우리의 몸을 상징적으로 표현한 오층탑이다.

어째서 십일층인 다보탑도 되는가? 오층 석가탑에다가 팔과 손가락의 관절 여섯 부분을 합하면 십일층이 된다.

팔을 번쩍 들어 올리면 십일층 다보탑이 되고, 내리면 오층 석가탑이 되는 것이다.

석가탑과 다보탑에는 부처님의 사리舍利만 봉안奉安되어 있지만, 나의 오층 석가탑과 십일층 다보탑에는 생불生佛이 들어있어서, 오고 가는데 자유자재하고 편리하기 그지없다. 곧 내 몸뚱이가 탑인 것이다.

우리의 이 몸뚱이 탑에는 불국사의 다보탑이나 석가탑에서는 볼 수 없는 중요한 기계가 가설되어 있으니, 눈은 아주 세밀한 망원경이요, 코는 선풍기, 귀는 수신기, 입은 방송국이다.

그리고 불국사의 극락전極樂殿으로 올라가는 계단은 **연화교**蓮華橋 · **칠보교**七寶橋라고 이름하였는데, 아홉 층 계단으로 이루어진 연화교는 극락세계 구품연화대九品蓮華臺임을 나타내기 위해 계단마다 연꽃잎의 무늬를 새겨 놓았다.

누구라 할 것 없이 모든 인간은 지극히 행복한 극락세계를 희구하는데, 경전에서는 우리가 살고 있는 사바세계로부터 십만 팔천 국토를 지나가야 극락세계가 있다고 하였다. 그러나 극락세계는 멀리서 구할 것이 아니다. 우리의 **몸이 곧 극락세계**이기 때문이다.

극락세계의 **구품연화대**는 우리 몸에 다 갖추어져 있다. 눈이 둘이요, 귀가 둘, 콧구멍이 둘, 입이 하나, 대소변 보는 곳을 모두 합하면 아홉이 된다. 이것이 곧 구품연화대이다.

극락의 구품연화대는 상·중·하의 삼품으로 나누어져 있는데, 이 삼품과 아홉 구멍[九孔]을 연관지어 분석해 보자.

눈과 귀는 상품上品**에 속한다.** 그 이유가 무엇인가? 눈은 맑고 밝아서 이 세상의 어떤 물건이라도 들어가기만 하면 병이 나므로, 모든 물건을 용납할 수 없으니 상품이다. 또 귀는 속에 아무것도 없어 깨끗하므로 상품에 속한다.

코와 입은 더러운 코와 가래가 나오니 **중품**中品에 속하고, **밑구멍에서는** 냄새나는 똥오줌이 나오므로 **하품**下品**에 속한다.**

이러한 구품연화대에는 언제나 아미타불이 설법을 하고 계시지만, 찾는 사람도 없고 아는 사람도 적다.

이처럼 극락세계도 사람의 몸에 있고, 생사와 열반에 관계없는 부처님도 이 몸에 있으니 꼭 찾아야 한다.

그러나 찾는다는 것도 우스운 말이다. 본래 가고 옴이 없이 항상 머물러 있고 멸하지 않아 상주불멸常住不滅이어늘, 무엇을 다시 찾을 건가? 밝은 눈이 열리면 활연히 나타나게 되는 것이다.

육근 속의 도둑과 부처님

우리가 정신을 집중하고 수행하는 목적은 불생불멸不生不滅하고 상주불멸常住不滅하는 우리의 참된 생명을 찾자는 데 있다.

이를 바꾸어 말하면, 욕락欲樂에 파묻힌 채 살아가는 허무한 생활에서, 본래 티 없이 맑고 깨끗한 마음의 당체로 환원還源한다는 것이다.

마음의 당체로 환원하려면 어떻게 해야 하는가? 각자가 가지고 있고 사용하고 있는 눈·귀·코·혀·몸·뜻의 육근六根부터 잘 파악해야 한다.

부처님께서는 눈·귀·코·혀·몸·뜻의 **육근에 본래부터 갖추어진 공덕**이 있다고 하셨다. 그러나 이 여섯 가지가 다 똑같은 공덕을 지닌 것이 아니라, 팔백 공덕과 천이백 공덕의 두 가지로 나누어진다.

눈은 팔백 공덕이다. 눈은 앞에다가 종이 한 장만 가려도 앞의 것을 보지 못하기 때문에 천이백 공덕 중에서 사백 공덕이 빠지게 되었다.

귀는 천이백 공덕이다. 눈은 가려져 있으면 못 보지만, 귀 주위가 가려져 있어도 다 들을 수 있기 때문에 천이백 공덕 모두가 갖추어져 있다.

코는 숨을 들이쉴 때는 온갖 냄새를 알지만, 내쉴 때는 냄새가 단절되기 때문에 **팔백 공덕**만 있다.

혀는 눈을 감고 있어도 온갖 음식을 분별할 수 있는 데다, 말까지 할 수 있기 때문에 **천이백 공덕**을 갖추었다.

몸은 **팔백 공덕**인데, 부드럽고 깔깔한 것을 직접 접촉해 보아야 알지, 조금이라도 간격을 두거나 옷 등의 다른 것으로 가리면 감촉을 느끼지 못하기 때문이다.

뜻은 **천이백 공덕**인데, 온갖 것들을 잘 분별하기 때문이다.

이것은 육근을 진리적으로 말한 것이다. 과학적으로 분석해서는 설명을 할 수가 없다.

이 눈·귀·코·혀·몸·뜻의 육근은 여섯 도둑[六賊]도 되고 여섯 부처님도 된다.

눈[眼]은 온갖 것을 다 본다. 그런데 그냥 보기만 하는 것이 아니다. 좋은 것을 보면 자기의 것으로 만들려고 하는 욕심을 부리기 때문에 색色 도둑이라고 한다.

귀[耳]는 사람 소리·물소리·바람 소리 등등 온갖 소리를 다 듣는다. 그런데 그냥 듣기만 하는 것이 아니라, 좋은 소리를 들으면 그 소리에 빠져들어서 계속 듣고 싶어 하기 때문에 소리 도둑이라고 한다.

코[鼻]는 온갖 향기香氣를 다 맡는다. 그런데 좋은 향기를 맡으면 그 향기를 탐하기 때문에 향기 도둑이라고 한다.

혀[舌]는 온갖 음식들을 맛본다. 그런데 혀에 맞는 음식은 계속 먹고 싶어 하기 때문에 혀를 맛 도둑이라고 한다.

몸[身]은 갖가지 감촉을 능히 느낀다. 그런데 좋은 촉감과 좋은 옷은 계속 느끼고 계속 입고자 하기 때문에 몸을 촉감 도둑이라고 한다.

뜻[意]은 온갖 것을 다 분별한다. 그런데 어떤 것[法]이든 내 뜻에 맞으면 내 쪽으로 잡아당기려고 하고, 내 뜻에 맞지 않으면 내치려고 하기 때문에 법法 도둑이라고 하는 것이다.

이렇게 육근 모두를 도둑이라 하였지만, 이것을 잘 교화시키면 모두가 부처님이 된다.

눈 도둑은 변해서 일월광명세존日月光明世尊이 되고

귀 도둑이 변해서 성문여래聲聞如來가 되고

코 도둑이 변해서 향적여래香積如來가 되고

입 도둑을 교화하면 법희여래法喜如來가 되고

몸 도둑을 교화하면 비로자나불毘盧遮那佛이 되고

뜻 도둑을 교화하면 부동광명여래不動光明如來가 된다.

여섯 도둑이 여섯 부처님이 되면 그 사람은 곧 완전한 인격人格을 갖춘 이가 되지 않겠는가!

그럼 여섯 도둑을 여섯 부처로 바꾸기 위해서는 어떻게 해야 하는가? 어렵지만은 않다.
우리의 얼굴에 바를 정正 자가 쓰여 있다는 것을 언제나 유념하면서 살아가면 된다.

'할喝'
〔하고 법좌에서 내려오시다.〕

일이삼사오육칠
대방광불화엄경

[법좌에 올라 주장자를 세 번 구르고 이르셨다.]

인체의 십공十孔

우리의 몸에는 손가락이 열 개, 발가락이 열 개, 눈코 등의 구멍이 열 개 있다.

『화엄경』에서는 수행을 하는 순서요 증득證得을 하여 올라가는 계단으로 십신十信·십주十住·십행十行·십회향十廻向·십지十地에 대해 설하고 있는

데, 이 계단을 실수 없이 잘 오르면 기어코 성불을
한다.

　남을 속일 수는 있어도 자신의 마음은 속이지
못하듯이, 수행의 경지는 절대로 속일 수가 없고,
스스로가 닦은 만큼의 공덕은 반드시 생겨나기 마
련이다.
　이러한 것을 모르는 우둔한 사람들은 수행과 증
득을 아주 뛰어난 스님네들이나 하고,『화엄경』같
은 데나 있는 것으로 여긴다. 그러나 이는 가당치
않은 생각이다.

　우리의 몸에 **열 손가락, 열 발가락, 열 개의 구
멍**이 있는 것은 '수행과 증득이 우리를 떠나서 존
재하지 않는다'는 것을 입증해 주는 것이요, 수행
도 증득도 우리 스스로가 해야 하는 것임을 깨우
쳐 주고 있다.

수행과 증득이 우리의 몸과 마음을 떠나서 있는 것이 아니기 때문에, 피땀을 흘려 가며 수행을 하면 수행의 다양한 경지가 저절로 원만하게 성취되는 것이다.

이제 이 십十과 관련된 법문 가운데, 우리의 몸에 있는 열 개의 구멍인 **십공十孔**에 대해 살펴보자.

우리의 몸에는 구멍이 열 군데 있다. 눈이 둘, 콧구멍이 둘, 귀가 둘, 입이 하나, 대변과 소변을 보는 데가 각각 하나, 배꼽까지 해서 모두 열이다. 이 가운데 얼굴에 일곱 구멍이 있고, 아래에 나머지 셋이 있다.

이 열 구멍 중 다른 구멍은 다 열어놓아도 괜찮지만, **배꼽**만은 꼭 닫혀 있다.
360골절 8만 4천 털구멍으로 이루어져 있는 우

리의 몸은 어머니 배 속에서 태胎로 연결되어 만들어지는데, 탯줄로 피를 돌게 하여 몸을 다 만들어지면 이 세상에 태어나게 된다.

태어난 다음에 탯줄이 붙어 있으면 안 되므로 그것을 끊고 매어 놓는데, 며칠이 지나면 매어 놓았던 탯줄이 뚝 떨어지면서 입을 닫아버린 배꼽이 된다. 배꼽이 열려 있으면 바람이 들어가서 죽기 때문에 꼭 닫고 있는 것이다.

이 말을 왜 하는가? 참으로 진리적이요 요긴한 법문이기 때문이다. 어떤 진리가 담겨 있는가?

부모가 자식을 낳았지만 그들이 성장을 하면 그냥 좀 놔두어야지, 입을 열어 잔소리를 하게 되면 될 일도 안 된다. 그러므로 입을 닫아야 한다.

아내와 남편, 시부모와 며느리도 마찬가지이다. '시부모 잔소리는 꾸어다가도 한다'는 말이 있다. 그래서인지 요새 여성들은 시부모를 모시지 않고 딴살림을 차린다.

우리는 인간관계 속에서, '태어난 다음에 완전히 입을 닫는 배꼽'의 도리를 단단히 이해하여야 한다.

그리고 아래쪽에 있는 대변과 소변을 보는 구멍도 꼭 필요할 때만 열린다. 이에 대한 교훈을 알아보자.

인생에 있어 가장 급한 일은 무엇인가? 자기를 찾는 일이 가장 급한 것인데, 이것은 바쁘지 않다하고, 바쁘지 않은 하찮은 일들은 바쁘다고 야단들이다.

그래서 나는 이 극락암의 소변소 이름을 휴급소休急所라 하고, '급한 마음을 쉬어가는 곳'이라는 설명을 붙여 놓았다. 아무리 바쁘더라도 소변부터 보아야 다른 일을 할 수 있지, 별수가 있나? 그러

니 소변소에서 급한 것을 좀 쉬어가라고 휴급소라
한 것이다.

또 대변소는 **해우소**解憂所라고 하였다. 음식을
먹을 때는 좋지만, 배에 가스가 꽉 차 있으면 배설
을 시켜야 속이 편하고 좋다.
배에도 하찮은 가스가 꽉 차 있으면 속이 불편
한데, 마음 가운데 못된 생각, 하찮은 생각, 어두
운 생각이 가득하면 얼마나 불편하고 괴롭겠는
가? 확 비워버려야 한다.

대변·소변보는 일이 대수롭지 않다고 여기는 이
도 있겠지만, 절대로 그렇지가 않다. 여기에 인생
의 큰일과 근본 문제와 생사 문제가 달려 있다. 이
대소변 보는 데 아주 큰 진리가 있는 것이다.
아무리 급한 일이 있어도 마음만은 쉬어가라. 정
말 급한 것은 내 주인공 찾는 일이다. 하루에 한

번씩만이라도 내 마음에 하찮은 생각이 있나 없나
를 살펴보기 바란다.

바를 정正 자의 얼굴

이제 십공十孔 중 가장 높이 위치한 **얼굴의 칠공**
七孔에 대해 이야기해 보자.

많은 사람들이 나를 찾아와서 묻는다.
"어떻게 해야 성공을 할 수 있습니까?"
"성공을 하려면 바르게 나아가라."
그리고 이어서 설명을 보탠다.

우리의 얼굴에는 눈 두 개가 가로로 붙어 있고,
구멍이 두 개인 코가 세로로 내리붙었으며, 귀 두

개가 양쪽에 있고, 입이 가로로 길게 아래를 막고 있다.

무슨 모양인가? '바를 정正' 자 모양이다.

얼굴에 바를 정 자가 쓰여 있는 것이다. 그러므로 바르게 살아야 성공을 하지, 마음을 삐딱하게 쓰면 성공을 할 수가 없다.

재단사가 옷을 만들기 위해 가위로 옷을 자를 때, 처음부터 바르게 잘라야 옷이 되지, 처음에 비뚤게 자르면 옷이 되지 않는다.

또 우리의 마음은 여래도 되고 마구니도 된다. 어떨 때 여래가 되고 어떨 때 마구니가 되는가? 마음을 바르게 쓰면 여래요 비뚤게 쓰면 마구니가 된다.

무슨 일을 하든지 내 마음을 백천일월百千日月과 같이 밝게 해서, '내 마음이 바르게 가는지 잘못 가는지'를 항상 점검하며 나아가야 하는 것이다.

나의 게송을 들어라.

一二三四五六七　　일이삼사오육칠
大方廣佛華嚴經　　대방광불화엄경
하나 둘 셋 넷 다섯 여섯 일곱은
대·방·광·불·화·엄·경이로다

『화엄경』의 갖춘 이름인 '대방광불화엄경'은 일
곱 글자인데, 우리 얼굴에 눈이 둘, 귀가 둘, 콧구
멍이 둘, 입까지 하면 모두가 일곱이다. 그것이 바
로 대방광불화엄경이다.

　곧 눈·귀·코·입의 일곱 구멍에 화엄경의 묘한
법이 있어서 언제나 설법을 한다[常住說法]. 이 눈·
귀·코·입에는 어떤 묘법妙法이 있는가?

　왼쪽 눈은 해이고 오른쪽 눈은 달이다. 눈은 일
월과 같이 밝아서 온갖 삼라만상을 온전하게 보

는데, 날아다니는 새가 오면 '참새가 오는구나, 까치가 오는구나, 까마귀가 오는구나' 하고, 사람이 오면 '남자가 오는구나, 여자가 오는구나, 친구가 오는구나' 하면서 다 밝게 안다. 이것이 눈의 묘법이다.

귀는 사람소리·차소리·닭소리·개소리·바람소리·물소리 등 온갖 소리를 다 듣는다. 이 귀에 구멍만 뚫려 있으면 소리가 그냥 지나가 버릴 것인데, 양쪽 귀에 수신기가 붙어 있어서 소리가 들어오면 바로 받아 그 소리들을 판단한다. 이것이 귀의 묘법이다.

코는 아래로 내리붙어 있는데, 두 구멍에서 단냄새·짠 냄새·향냄새·똥냄새 등의 온갖 냄새를 다 맡아서 알려주니, 이것이 코의 묘법이다.

또 눈을 감게 하고 입 안에다가 무엇을 넣어줘

보라. 입 속의 혀는 같은 짠 것이라도 '이것은 간장이구나, 토장이구나, 된장이구나, 청국장이구나' 하면서 다 안다. 단 것을 넣어주면 '이것은 꿀이구나, 엿이구나, 설탕이구나' 하면서 온갖 맛을 다 안다. 이것이 입의 묘법이다.

그럼 누가 무엇으로 상주설법常住說法하는가?

양쪽 눈은 일월광명세존日月光明世尊이라, 일월광명세존이 상주하여 모든 것을 분명하게 보는 것으로 설법을 하고 있다.

귀는 성문여래聲聞如來라, 성문여래가 상주하여 온갖 소리를 다 듣고 알려주며 설법을 하고 있다.

코는 향적여래香積如來라, 향적여래가 상주하여 온갖 냄새와 향기를 느끼며 설법을 하고 있다.

입은 법희여래法喜如來라, 법희여래가 상주하여 맛을 느끼고 즐기는 것으로 상주설법을 하고 있다.

그런데 우리들은 '나'에게 있는 이 부처님들의 법문은 들을 줄을 모른다.

눈은 바깥의 모습에 집착하여 모든 것을 보는 나의 일월광명세존은 보려 하지 않고,

귀는 누가 말만 하면 그 말을 좇아가서 자꾸 들으려 할 뿐 모든 소리를 듣는 나의 성문여래는 살피려 하지 않고,

코는 냄새와 향기에 취할 뿐 향기를 능히 분별할 줄 아는 향적여래는 찾으려 하지 않고,

입은 혀끝에 맞는 바깥의 맛만을 추구할 뿐 맛을 느낄 줄 아는 내 속의 법희여래부처님은 알아보고자 하지 않는다.

우리의 몸뚱이 자체는 별 가치가 없는 듯이 보이

지마는, 이 몸 가운데 지극히 밝고 신령스럽기 짝이 없는 주인공이 있고, 그 주인공이 늘 바르게 살아갈 것을 깨우쳐 주는 것이 '바를 정正'자 얼굴이다. 그러므로 바를 정正으로 살면 반드시 성공을 할 수 있다.

이제 우리는 한 생각을 바꾸어야 한다. 밖으로 좇아가던 한 생각들을 되돌려서 내 속의 부처님을 찾아보자. 언제 어디에서나 늘 나와 함께했고 결코 나를 배신하지 않았던 주인공을!

'할喝'

〔하고 법좌에서 내려오시다.〕

오장과 마음의 건강

[법좌에 올라 주장자를 들었다가 내리며 이르셨다.]

손과 박수와 땀

오장의 건강으로 인체人體에 대한 법문을 마무리하기 전에, 손과 땀에 대해 잠깐 논하고자 한다.

인간의 손은 보배 손이다. 왜 손이 보배인가?
다른 동물과는 달리, 인간의 손은 온갖 음식과 의복과 기계 등을 만들어 낼 수 있기 때문이다. 그

래서 관세음보살觀世音菩薩을 천수천안千手千眼이라
고 한다. 손이 천 개이고 눈이 천 개가 있어서 모
든 중생들을 교화한다. 이 천수천안관세음보살이
누구인가? 바로 인간이요, 우리들 자신이다.

이 손으로 우리는 박수搏手를 친다.

수풀 속에 가서 손바닥으로 박수를 치면 나뭇가
지에 앉아 있던 새는 놀라서 달아나는데, 고기를
기르는 양어장의 못 위에서 박수를 치면 밥을 주
는 줄 알고 저 먼 데 있는 고기들도 전부 몰려온
다.

그리고 공연장이나 연설장에서 공연을 잘하고
연설을 잘한다고 해서 보내는 박수갈채搏手喝采가
있다.

또 이 산에 놀러 온 남녀들이 어울려 궁둥 춤을
추는데, '좋다 좋다' 하고 손뼉을 치며 박자를 맞
춘다.

이렇게 박수도 여러 가지가 있다. 소리 없는 양 손바닥을 탁 부딪칠 때 나는 이 박수 소리에 무진 진리無盡眞理가 깃들어 있는 것이다.

또 사람이 흘리는 땀에는 여러 가지가 있는데, 대략 70여 종이 있다고 한다. 더워서 흘리는 땀, 매운 것을 먹어 흘리는 땀, 운동을 하여 흘리는 땀, 일을 하여 흘리는 땀 등등….

그런데 무더운 날 법문을 듣느라고 흘리는 땀이나, 기도하고 절을 하면서 흘리는 땀은 그지없이 값진 것이다.

이 땀은 보약을 먹는 것보다 더 좋다. 왜냐하면 탐·진·치 삼독과 팔만사천 번뇌망상들을 얼음 녹듯이 안으로부터 녹아서 겉으로 흘러나오게 하기 때문이다.

마음 가운데 하찮은 것들이 붙으면 가나오나 몸이 괴롭고 생각이 불안하기 그지없는데, 땀을 흘리

며 법문을 듣거나 기도를 하면서 하찮은 것들을
쏙 빼내면 한없이 쾌활하고 평안해지는 것이다.

몸은 법을 담는 그릇

실로 우리가 '나'를 건강하게 만들려면 몸과 마
음을 잘 다스려야 한다.

몸을 잘 조절하고자 하면 이 몸이 법法을 담는
그릇인 줄을 알고, 위생에 유의하면서 밥도 적당
히 먹고 몸속의 오장을 어린아이 키우듯이 대해야
한다.

우리 몸의 내부에는 간장肝臟 · 심장心臟 · 비장脾臟 ·
폐장肺臟 · 신장腎臟의 오장五臟이 있다. 이 오장은
우리를 살아있게 하는 참으로 중요한 기관들이다.

세상 사람들은 탐욕과 분노와 어리석음의 삼독심으로 간장·심장·신장 등의 오장에 열을 꽉 채워 가지고 살아가고 있으니, 될 일도 안 될뿐더러 병만 자꾸 생겨난다. 그야말로 죽을 짓만을 하고 있는 것이다.

누구나 할 것 없이 사회의 일도 보고, 가정의 일도 보고, 형형색색이 먹고 입고 주하는 의식주 삼건사三件事 등의 활동을 하다 보면 참으로 힘이 들 때가 많다.

※

나는 찾아오는 사람들 중에 심장·간장 등에 열이 꽉 차 있으면 '술을 먹지 말라'고 한다.

"자동차도 가다가 열이 나면 식혀서 가야 불이 나지 않지, 열이 차여 있는데 자꾸 달리면 불이 나는 것과 같이, 사람도 몸 가운데 간장·심장·비장·

폐장·신장이 오장에 열이 꽉 차 있으면 나중에 몸에 병이 생긴다. 그러니 술을 먹지 않도록 해라."

이렇게 말했더니, '먹지 아니하려고 해도 끊을 수가 없다'고들 한다.

"일이 뜻대로 안 되어 한 잔 먹고, 잠이 안 와서 한 잔 먹고, 걱정이 있어서 한 잔 먹고…. 이러한 한 잔들이 자꾸 모여 안 먹을 수 없게 만들고 사람을 취하게 만듭니다."

§

그렇다고 오장에 열이 차는 것을 그대로 방치할 수는 없다. 물질과 사람을 초월하고, 근심걱정을 떨치면서 살아가야 한다.

오장의 작용과 건강

이제 오장의 맡은 분야와 기능과 정신과의 관계 등을 알려줄 터이니, 평소에 오장을 살피고 스스로를 점검하여 건강을 지키기 바란다.

간장肝臟은 힘줄을 맡고 있는데, 간장이 약해지면 공연히 화를 내고, 성질을 낼 일도 아닌데도 신경질을 부린다. 바꾸어 말하면 분노하고 골을 내고 남들과 원수 맺기를 좋아하면 간장이 나빠지게 된다.

간장이 나쁘면 초를 먹지 않았는데도 입맛이 시다. 이렇게 입맛이 시고 얼굴에 시퍼런 기운이 나타나면 '간장이 나빠졌구나' 생각하고, 분노와 골과 신경질을 잘 다스려야 한다.

심장心臟은 피를 맡고 있는데, 심장이 약해지면

피가 잘 돌지 않는다. 심장이 튼튼하면 즐거움과 환희심이 차게 되고, 그렇지 못하여 우울하고 비애悲哀에 잠겨 있으면 심장이 나빠졌다는 신호이다.

심장이 나쁘면 입맛이 쓴데, 입맛이 쓰거든 심장이 나빠진 줄을 알아서, 우울함을 떨쳐 버리고 즐겁고 낙천적으로 살아가야 한다.

비장脾臟은 온몸의 살을 맡고 있는데, 소화기관들이 여기에 속한다. 비장이 약해지면 소화가 잘 안되고 탐욕이 많아지고 공상空想이 많아진다. 곧 탐욕심과 공상에 젖어서 살면 비장이 나빠져서 살결이 좋지 못하고 얼굴이 누렇게 된다.

비장이 나쁘면 입맛이 달다. 그러니 무엇을 먹어도 입맛이 달면 비장이 나빠지고 있는 줄을 알아서 탐욕과 쓸데없는 생각을 하지 말아야 한다. 탐욕심과 헛된 생각을 하지 않게 되면 비장은 다시 좋아진다.

폐장肺臟은 피부를 맡고 있는데, 폐장이 나빠지면 수심이 많아지고 신중하지 못하며 피부가 나빠진다. 또 얼굴에 핏기가 없어 하얗게 된다.

폐장이 나쁘면 입맛이 맵다. 입맛이 맵고 피부가 좋지 않은 등의 증상이 나타나면 폐장이 나빠졌구나 생각하면서 근심걱정을 털어 버리고 신중하게 살아가면 된다.

신장腎臟은 뼈를 맡고 있는데, 신장이 탈이 나면 뼈가 약해진다. 신장이 튼튼하면 용기가 샘솟고 용감해지지만, 신장이 허약해지면 생각이 비겁해진다. 이를 바꾸어 말하면 비겁한 생각을 하면 신장이 나빠지고 용기 없는 비열한 사람이 된다는 것이다.

신장이 나쁘면 입맛이 짜지는데, 입맛이 짜거든 마음을 고상하게 먹고 용기를 불러일으켜야 한다. 그러면 신장이 좋아진다.

거듭 권청하나니, **이 몸이 법그릇인 줄을 알아서** 항상 정신을 차리고 살펴야 한다.

정신이 살면 몸이 건강해지고, 정신이 죽으면 오장인 간장·심장·비장·폐장·신장 가운데 수심 보따리를 가지고 공연히 걱정을 해서, 신장의 불, 심장의 불이 위로 치솟아 가슴이 답답하고 머리가 아프게 된다.

그러니 이 마음을 허공과 같이 태연하게 가지고, '내가 우주인류를 화평케 하고 이익을 주겠다'는 커다란 생각으로 근심·걱정·수심 보따리를 털어버리면 정신도 건강해지고 몸도 건강해진다.

결코 잊지 말아라. 심心, 곧 우리의 마음은 만법萬法의 근본이요, 법法 곧 일체는 유심조唯心造인지라 마음에서 생하는 것이다.

그러나 이 마음이라고 하는 것 또한 마음도 아

니고 부처도 아니고 물건도 아니지만, 부득이해서 마음이라 하였을 뿐이다. 만약 능히 이 마음을 요달할 것 같으면 모든 것을 능히 행할 수 있는 능력을 갖추게 된다.

나무는 천지만엽千枝萬葉이라, 꽃도 수없이 피고 가지도 여러 갈래로 많지만, 모두가 뿌리에서 나오는 것이다. 그러므로 뿌리가 없으면 나무는 죽고 만다.

수행도 이와 같아서 근본되는 마음을 찾고, 마음을 증득證得하고, 마음을 요달了達해야 하는데, 마음을 잘 알지 못하면 수행이 헛되고 만다.

그러므로 공부를 제대로 하고자 하면 내 마음이 맑고 밝아져야 하는데, 마음에 탁하고 어두운 것이 없어지면 맑고 밝아지는 것이다.

밤길을 가려고 하는데 앞이 어두우면 어디 잘 갈

수가 있느냐?

그러니 우리의 정신을 단련시켜서 마음이 맑고 밝아져야 무슨 일을 해도 빨리빨리 잘할 수 있게 되는 것이다. 그래서 나는 자주 말한다.

"도를 닦는 사람의 마음은 눈 속과 같이 맑아야 한다. 매우 값진 금·은·금강석 등의 보배 가루일지라도 조금만 눈에 넣으면 눈병이 생기는 것이니, 아무리 좋은 것이라도 눈 안에 들어가는 것을 용납하여서는 안 된다. 이렇게 깨끗한 마음으로 꾸준히 힘을 써야 도를 이루고 성공을 하게 되는 것이다."

다시 한번 정리를 해보자.

사람이 왜 늙는가? 마음에 병이 있기 때문에 가슴이 답답하고 머리가 아픈 것이요, 이 병 때문에 늙음을 재촉하고 죽음을 맞이하게 된다.

마음의 병이 나면 심장이 먼저 병 들고 오장 모

두가 탈이 나게 된다.

마음에 병이 없으면 근심걱정이 사라지고, 사랑하고 미워하는 증애憎愛와 취하고 버리는 취사取捨를 일으키지 않게 된다.

그러므로 미워하고 사랑하고 취사선택하는 분별망상에서 초연해질 수 있도록 매일매일 스스로를 다스려서, 마음이 맑고 오장 모두가 튼튼한 참사람이 되길 바란다.

'할喝'

〔하고 법좌에서 내려오시다.〕

신행과 포교를 위한 불서 (4×6판, 각 100쪽)

행복과 성공을 위한 도담　　경봉스님 저　3,500원
인생을 어떻게 살 것인가? 행복은 누구에게 깃들며, 어떻게 할 때
성공하는가? 복 짓는 법 등을 명쾌하고 자상하게 설하고 있다.

행복을 여는 감로법문　　일타스님 저　3,500원
이 책을 읽어 보라. 업을 멸하고 지혜의 눈과 행복의 문을 열려면 어
떻게 수행해야 하는지를 분명히 알 수 있게 된다.

일상기도와 특별기도　　일타스님 저　3,500원
생활 속에서 쉽게 행할 수 있는 기도법과 괴롭고 힘든 경우에 행
하는 특별기도, 성취를 위한 기도에 대해 자세히 설하고 있다.

불교예절입문　　일타스님 저　3,500원
불교의 예절 속에 깃든 상징성과 함께 합장법, 절하는 법, 사찰에
서의 기본예절, 법문 듣는 법 등을 새롭게 정리하였다.

불성발현의 길　　우룡스님 저　3,500원
내 속에 있는 불성이 깨달음의 원동력이요 자정능력을 발휘한다
는 것과 무명을 타파하는 법 등을 정성을 다해 설하고 있다.

불자의 삶과 공부　　우룡스님 저　3,500원
현재의 삶에서 주인노릇은 잘하고 있는가? 어떠한 이가 참된 불자
인가? 등을 되묻고, 어떠한 공부를 하면 좋은지를 일깨워준다.

광명진언 기도법　　일타스님 · 김현준 저　3,500원
광명진언기도의 영가천도 및 생활 속에서의 효과, 이 진언의 깊은
가르침, 기도 방법과 마음가짐, 기도영험담 등을 수록하였다.

보왕삼매론 풀이　　김현준 저　3,500원
장애의 극복 방법을 일러주어, 지혜롭고 복된 삶을 살 수 있도록 이
끌어주는 보왕삼매론을 매우 감동적으로 풀어 쓴 책이다.

바느질하는 부처님　　김현준 편저　3,500원
부처님 일대기 중에서 향기로운 이야기 29편을 가려 뽑아 엮은 책.
인생을 지혜롭게 이끌어 주는 부처님의 가르침이 가득하다.

부처가 계신 곳

설한이 경봉대선사
엮은이 김현준
펴낸이 김연지
펴낸곳 효림출판사

초 판 1쇄 펴낸날 2023년   7월   4일
        4쇄 펴낸날 2025년   3월   4일

등록일 1992년 1월 13일 (제2-1305호)
주 소 서울특별시 서초구 반포대로14길 30, 907호 (서초동, 센츄리 I)
전 화 02-582-6612, 587-6612
팩 스 02-586-9078
이메일 hyorim@nate.com

값 5,500원

ⓒ 효림출판사 2023
ISBN 979-11-87508-91-5 (03220)